本书属教育部哲学社会科学重大课题攻关项目
"世界海洋大国的海洋发展战略研究"（课题号 :16JZD029）成果。

武汉大学边界与海洋问题研究译丛

世界大战中的
海军战略

DIE SEESTRATEGIE
DES WELTKRIEGES

德国公海舰队的悲剧

〔德〕沃尔夫冈·韦格纳 / 著
Wolfgang Wegener

罗群芳 / 译

社会科学文献出版社
SOCIAL SCIENCES ACADEMIC PRESS (CHINA)

作者简介

沃尔夫冈·韦格纳（Wolfgang Wegener, 1875-1956）

德国著名海军战略思想家，海权研究经典作品《世界大战中的海军战略》一书的作者。

1894年，受姻亲叔叔亨宁·冯·霍尔岑多夫（Henning von Holtzendorff, 1853-1919，后成为德意志帝国海军元帅）的影响，韦格纳高中毕业之后成为一名军校学生。一战期间他担任第一战列舰分舰队首席参谋，后调任轻巡洋舰"雷根斯堡"号舰长。一战刚开始几个月，他就基于公海舰队在北海苦候英国发起进攻实际上却没有发生战事的现实提出了"海战要抛弃传统的陆战思维"的观点。

一战结束之后，德国海军内部围绕"第一次世界大战究竟让海军学到了什么"展开争论，韦格纳对提尔皮茨海军元帅的海军战略提出了尖锐批评，遭到排挤。1926年，韦格纳被迫退役，最终军衔是海军中将。

1925年，韦格纳私人印制了自己的作品。雷德尔将其逐出海军，并向柏林中央出版社施压，不允许其出版韦格纳的著作。直到1929年，该书才由柏林 E. S. Mittler & Sohn 公开出版，随即轰动德国海军圈。

以上内容参见韦格纳家族家谱网：http://www.familiewegener.de/wolfgang.htm。

译者简介

罗群芳

　　女，武汉大学与德国斯图加特大学历史学博士。1998 年进入武汉大学历史系，后在本校硕博连读。2007 年获中国教育部与德意志学术交流中心（DAAD）合作的"中德 DAAD 精英项目"奖学金，赴斯图加特大学历史系攻读联合培养博士，师从时任国际二战史研究会主席 Gerhard Hirschfeld 教授。2009 年任武汉大学中国边界与海洋研究院助理研究员，2015 年起担任国家领土主权与海洋权益协同创新中心副研究员。

中文版序

一

　　19 世纪末，随着德国的统一及工业飞速发展，德国成为欧洲大陆最强大的国家。德国已不再满足于俾斯麦的欧洲均势的大陆政策，1895 年 1 月，威廉二世宣布"德意志要成为世界帝国"，也就是所谓的"世界政策"，其核心内容就是获取"阳光下的地盘"，即争夺殖民地，重新瓜分世界。当时，德国已拥有欧洲强大的陆军，但威廉二世是马汉海权论的狂热崇拜者，他要求所有的海军军官都要阅读马汉的海权著作。他认为，只有建立一支强大的海军，才能挑战英国海洋霸权，走向世界，实现其"世界政策"。

世界大战中的海军战略：德国公海舰队的悲剧

1897 年，建立强大海军的积极鼓吹者提尔皮茨被任命为海军大臣，威廉二世希望他能够建造一支挑战英国海上霸权的舰队。凭借充足的财力供给和雄厚的工业基础，提尔皮茨按照"风险理论"与"风险舰队"理念实施海军军备扩建计划，到 1914 年夏天，建成了一支包括 14 艘战列舰、4 艘大巡洋舰、7 艘装甲巡洋舰、12 艘小巡洋舰、89 艘鱼雷舰、19 艘潜艇的世界第二大舰队，使德国海军力量迅速发展到英国海军力量的三分之二，成为欧洲的又一海洋强国，提尔皮茨也因此被称为德国公海舰队之父。

悲剧的是，在第一次世界大战中，德国公海舰队不是被英国皇家海军击沉在德国的港口，就是被赶回本国的港湾，四年里仅仅获得了一次与英国海军正面交手的机会，即 1916 年日德兰海战，但最终还是缩回到基尔港，在北海"观天"。1919 年 6 月 21 日，德国公海舰队在英国斯卡帕湾壮烈自沉，沉没军舰吨位为被扣押舰队总吨位的 95%，其中包括 10 艘战列舰、5 艘战列巡洋舰。

号称世界第二的德国公海舰队的自沉事件深刻刺激了德国。一战之后，德国海军内部围绕"第一次世界大战究竟让海军学到什么"展开了争论，主要分为提尔皮茨派和韦格纳备忘录追随者两派：魏玛共和国海军军官对帝国海军和公海舰队之父提尔皮茨依然有很深的感情，属于提尔皮茨派，他们的共识是不对提尔皮茨等高级将领进行任何批评，不对德国海军战略存在的问题进行深入讨论；但韦格纳的思想则受到年轻军官的追捧，被称为韦格纳派。

1926 年，魏玛共和国海军上将雷德尔（Erich Raeder）强制韦格纳退役，将其逐出德国海军。除此之外，1928 年，时任海军总司令的他对柏林中央出版社施压，不允许出版质疑提尔皮茨元帅战略能力的韦格纳的书籍。但 1929 年另外一家出版社大胆地决定出版韦格纳的著作《世界大战中的海军战略》。

二

1929 年，第一次世界大战结束 11 年之后，已经退役三年的海军中将沃尔夫冈·韦格纳出版了《世界大战中的海军战略》一书，在德国海军圈引起了巨大的轰动。其所以引起轰动，是因为该书对德国公海舰队缔造者提尔皮茨海军元帅及其"风险理论"指导下德国公海舰队在北海与英国舰队之间的决战进行了公开的"清算"。该书公布了韦格纳在一战期间所写的三份海军内部备忘录，并系统阐述了他的海军战略思想。一战期间作为第一战列舰分舰队首席参谋的韦格纳在 1915 年首次将备忘录提交给他的上司，批评提尔皮茨的海军战略忽视了战略位置，断言北海之内的舰队交战对整个战略大局没有任何用处。他认为，北海在过去、现在和将来都是一片死海，德意志湾就是死海里的死角，德国海军只能在死海里等死。但当时提尔皮茨在海军拥有绝对权威，韦格纳的上司并没有听取他的建议。

在这本著作里，韦格纳的主要观点如下。

（一）对海权的定义及分析

在研究中，韦格纳特别强调了海洋地理位置对国家海上力量或"海权"的重要性。他认为海上力量是战略位置、舰队和战略意志三者的结果。德国在地理位置上可以说是相当不利，根本无法直接抵达开阔的海洋。德国三个重要港口分布在北海的赫尔戈兰湾、基尔港与波罗的海沿岸的罗斯托克，位于日德兰半岛东西两侧。不管公海舰队以北海还是波罗的海为主基地，只要德国军舰企图驶出本土港口前往辽阔的大西洋，就必须经过英伦三岛，从英国南部出发的海军舰艇可以轻易地封锁多佛尔海峡，阻止德国舰队南行；而驻扎在苏格兰斯卡帕湾的英国舰队则只需在北海远端布置警戒线。

因此，德国只能采取以改善战略位置为导向的海军行动。韦格纳在其著作中提出了"替代纲领"的设想，认为通过"地理攻势"改善战略环境来对抗英国，才能有更大的胜算。这是其海军战略的创新点之一。他认为，德国唯一能够影响到英国交通的是通过北海的"挪威—设得兰群岛—苏格兰"线路。为了得到对英国贸易船只具有战略影响的地理位置，他认为只有采取"北向战略攻势行动"，即"设得兰群岛方案"，才有可能逐步改善德国的战略位置，最终进入大西洋：通过丹麦和挪威西南，抵达设得兰群岛，即"大西洋之门"。战略位置的改善重在保证制海权，也就是保护自己的制海权并争夺国际海上航线。德国能通过在法国大西洋海岸（布雷斯特）、丹麦和挪威、设得兰群岛和法罗群岛以及冰岛建立供应基地来维持其跨大西洋贸易。总的来说，他呼吁将北海视为次要的行动场所，保护波罗的海来确保帝国从瑞典运输矿石的目标，在全球海洋背景下进行新的前瞻性、世界性海洋战略思考。可惜的是，一战时德国海军领导人没有对改善德国恶劣的战略位置做出努力，而这种恶劣的战略位置扼杀了海军挑战英国海军、形成战略攻势的意志，德国公海舰队仅仅被用来保卫敌人毫无兴趣争夺的水域如北海。

值得一提的是，虽然韦格纳提出了自己的观点，但他也并没有很好地解决"较弱的德国海军如何能够在进攻战略中实现战胜强大的英国海军的目标，以及如何获得一个更好的战略地理位置"这个问题。

（二）一战期间德国海军战略的局限性

韦格纳在《世界大战中的海军战略》一书中，指出了一战期间德国海军战略的局限性。

1. 公海舰队沦为海岸防御舰队

韦格纳在书中论证了公海舰队这样一支具有强大战斗力的舰队，是如何受各种观点左右沦为海岸防御舰队的。德国海军在北海保卫战中一直警惕着西北方向的英国海军，时刻担心英国舰队会发起突然袭击。然而实际上，英国并不存在海上主动发起进攻的战略动机：英国拥有战略优势，控制着英国海上贸易的动脉大西洋，通过英吉利海峡能轻易切断德国的海上贸易，将北海变为死海。而德国海军指挥部却将公海舰队限制在这一死海领域内，真正变成了海岸防御舰队。韦格纳在书中讽刺帝国海军指挥部："一些观点总能统治这个世界。在我们眼前就有一个先例，证明一支具有强大战斗力的军舰是如何受到观点的左右沦为海岸线海军的。""当人们把一支适航的军舰固定在一个基地、固定在一个只有海岸部队能落脚的地点之时，会产生无法解决的矛盾。"韦格纳认为，舰队的使命不仅要保卫本国海岸，更应确保实现进入大西洋的紧迫任务。"英国的战略任务是把我们赶出大西洋，并加以封锁；我们的任务是不管在哪都要打破这层封锁并且开辟一条通往大西洋的道路。"

2. 陆战思维影响海战思维

韦格纳认为，"在争夺生存权的斗争中，我们始终遵循着历史记忆中的大陆权力观，将世界大战看作陆战，并由此输掉了战争。因为，归根结底，一战本质上是一场海战"。

作为一个传统大陆国家，德国拥有强大的陆军，其根深蒂固、传统沿袭下来的陆战观点已变成了德国战争的本能。德国在第一次世界大战期间的海军战略源于陆战。根据克劳塞维茨的《战争论》，当两军在陆上对峙时，较强的一方为了掌握主动权，会立即发动攻势，兵家会竭力争取占有主动权。因此，德国人完全不能理解英国人在1914年8月为什么没有发动进攻。可以这么说，"如果我们拥有这样一支具有压倒性优势的舰队，我们一定会马上进攻"。这从陆战思维来看是可行的，但对海军则并不适用。而英国舰队存在的目的并不是为了与德国舰队作战，而是为了获得并维持制海权。也就是说，较强的一方必须采取战略性进攻这一原则并不总是适用于海战。深受陆战观点影响的海军战略使得德国公海舰队只是为了应付北海的防卫战，这再次证明一战期间海军领导人的海军战略的失误。另外，陆军和海军在总体战争中缺少合作，如前面所说，德国在海军力量明显弱于英国皇家海军、地理位置异常凶险的情况，更应通过"地理攻势"改善战略环境，也就是需要陆军与海军的配合。

3. 战略心理脆弱

一战爆发前，德国已经是欧洲大陆最强的工业国家，拥有最强的陆军，全世界第二强的公海舰队。可实际上，德国的领导人并不自信，成天提心吊胆，认为某一天英国的舰队就会突然出现在德国威廉港和基尔外海。这种"世界政策焦虑"导致德国在对外政策和海军建设方面做出了一系列不理智的决策，甚至被英国牵着鼻子走。后俾斯麦时代德国外交战略设计者冯·霍尔斯泰因在1898年写道："德皇长久以来一直担心英国可能在某一天突然袭击我国；提尔皮茨抱有相同的恐惧，而我则从他那里理解了这种恐惧，后者可以作为最有力的论据导向两个选项：要么放弃我们的殖民地，要么扩充舰队。"由于这种焦虑心理，威廉二世与其激进的拥护者开始了疯狂的扩充军备，尤其是在海军军备方面，完全不考虑其他国家的反应，将俾斯麦多年苦心维护的"欧洲均势"完全摧毁。由于德国较封闭的地理位置，俾斯麦假设德国既不可能毫无顾忌地去追求欧陆霸主地位，也不可能突然跳到海外去建立"世界帝国"，他精心编制了"俾斯麦体系"，认为德国的国际形象是积极而有分量的。到1895年前后，俾斯麦时代的欧陆安全体系已经被彻底破坏。而当时德国只有一支近岸海军的舰队。提尔皮茨提出的方案就是兴建一支"风险舰队"，也就是一支其实力会使最强大的海军要摧毁它都需要付出极高的代价，代价之高将损及其世界海军的地位。在这一"风险理论"的指导下，德国通过了两次舰队法案，把英国当作长远目标，大力开展与英国的海军军备竞赛。然而德国海军将领们并没有一套理性的海军战略，其"战略意志"不足也是其心理脆弱的表现。这因此也注定了德国挑战英国海权而以公海舰队自沉而结束的悲剧命运，正所谓"自证预言"。

根据以上论证，韦格纳认为一战期间德国虽拥有世界第二强的公海舰队，但海军战略存在的局限性使其在一战四年期间并未发动积极的进攻，悲剧性地沦为海岸海军，失败之后不得不选择自沉的方式结束这场悲剧。韦格纳对威廉时代海军战略的批评是合理的，通过"攻势"建立有战略地位的海军基地网络来确保德国通向大西洋的门户，这一战略思想是相当有说服力的。然而，使这一概念成为可能的政治和军事考量仍然是不明确的，原因是他未能从政治高度论证德国的海军战略。

值得一提的是，在二战后的北大西洋公约组织框架下，韦格纳的海军战略后来被联邦德国海军纳入其训练和教学大纲。他的儿子爱德华·韦格纳（Edward Wegener，1904－1981）一生都致力于研究整理他的著作，也是一位有名的海军历史学家。该书英译本于 1989 年由德裔加拿大著名海军历史学家赫尔格·海威希（Holger H. Herwig）翻译、美国海军研究所出版社出版，英译本书名为：The Naval Strategy of the World War（Classics of Sea Power）。海威希将这一著作定义为海权研究的经典作品，肯定了其对国际学术界海权研究的贡献。现在，研究德国海洋历史的青年学者罗群芳博士将这部名著翻译成中文在中国出版，我相信一定会受到对海洋战略有兴趣的读者的欢迎。

衷心祝贺《世界大战中的海军战略》中文版问世！

是为序。

胡德坤

2019 年 5 月于武汉大学珞珈山

第二版前言

在德国与海洋和经济强国英国进行第二次海洋战争之际，本书出了第二版。

第一版前言里提到的1926年版备忘录引起了误解：整本书的思想体系就好像是失败的第一次世界大战的产物。作者撰写了多篇私人备忘录来参与讨论在第一次世界大战中应该如何运用海军舰队。尽管该备忘录已被海军参谋部所熟知，并因与海军上将们的私人关系而被呈送到了总司令部，但它并没有对作战产生影响。欧洲大陆迷失的历史将我们禁锢在枷锁里，这种枷锁被证明非常强大。这本书已经远远超出了战争备忘录的范畴。

现在正在进行的战争（第二次世界大战）结果

会带来什么样的变化，对这本书并非不可或缺，所以新版本基本上沿用了第一版的文本，只不过改正了一些修饰上的错误。附录还附上了世界大战期间的备忘录，以此作为补充历史材料。

希望这本书的再版，能有助于理解我们的国家正面临的海洋及伟大的世界政治任务。

柏林－夏洛腾堡，1941 年 1 月

第一版前言

　　该书是 1926 年一份更全面、更系统的备忘录的印刷本。以前它只是在老一辈的海军军官圈子里传阅。近年来事情发生了变化：就像原本设想的那样，该备忘录在魏玛国家海军内部被更多人熟知。它被手手相传，书中的思想和术语最后被纳入专业文献中。

　　这种情况使我产生了将它出版的愿望。当这一私人和内部性质的备忘录有必要公开发表的时候，我遵从这种愿望。本书用的是没有修改过的 1926 年备忘录的版本。

柏林－夏洛腾堡，1929 年 5 月

目　录

引 言

　　我们越试图远离世界大战的硝烟，同时暂且忽略战争细节，事实便越发显得不可思议：在一场主要以英国为敌的战争中，仅爆发了一场海战，并且，这场海战甚至连一场突破性的战役也算不上。因此并没有充分的理由证明，战争的第二部分是以潜艇战为前提打响的。正是舰队不能决定战争的胜负，才使得这场战争在形式和范围上成为可能。导致这一现象的原因并不是任何的细节，而是当时的大形势和人们对海战的普遍观念，正是这种观念最终引发了战争。

　　毕竟一场海战并不是只由交战的其中一方挑起，而是由交战双方共同挑起的。

世界大战中的海军战略：德国公海舰队的悲剧

　　研究这一现象最深层的原因需要的不仅仅是对历史的兴趣，因为从历史角度看仅有两种可能性：要么海军司令部将不使用舰队归因于偶然的人事状况，那么我们只需要继续用老旧的思想来培养国家海军，同时寄希望于未来会出现一位合适的领袖；要么我们的国家和海军在战争中怀抱着某些特定的想法与观念，从而导致这一现象的出现，那么为了将来着想，我们必须要对这一观念进行最深层次的探究，下决心做出明智的调整，彻底地转换思想。

　　为了更清楚地了解这些想法及观念，我们需要进行以下思考。

　　如果地球上的一切事物都处于永恒发展中，那么一个国家顺利建立起一支海军后，它自然会发展壮大。

　　如果从大陆历史的视角出发观察我们的海军，可以发现，旧时帝国海军之所以取得巨大成就，是因为它的诞生不仅是为了自身，而且是为了整个国家乃至国家海洋意识的培养。

　　德国人民有权为自己古老的舰队感到骄傲。但是对古老海军的喜悦不应该变成停滞不前的理由。

我们必须不断发展，超越我们的对手。从本书中我们必将意识到，那些建立在军事演习上的观点并不足以应付世界大战，因此我们就不该拒绝这样的观点，即舰队应该慷慨地欢迎每一次有利于其发展的机会，因为在战争中，这种观点对我们来说是陌生的，它们不是批评，而是战争经验。

第一章
战略性进攻

世界大战伊始，对于英国人意图对我们发起进攻一事，与其说是一种设想，不如说我们已深信不疑。我们把这一信念奉为圭臬，把它看作海军战略体系的基石，并在其基础上构建起了1914年海上封锁的军事战略计划。

然而这种信念迷惑了我们。

一　英国的战略地位

（一）

敌人在宣战后并没有马上出现在德意志湾（Deutsche Bucht），这使我们感到非常吃惊：在物质装备上占优势（那时候可以称为压倒性优势）的英国舰队并没有凭借疯狂的进攻迫使我们接受其贸易条款。我们从和平时期到战争年代始终信奉的信条因此有所动摇。我们不得不一直反省，1914 年的战略计划是建立在对英国"大舰队"（Große Flotte）的何种设想之上的。对于"大舰队"具备压倒性优势的看法并非源于战争经验，而只是和平时期的臆想。因此我们必须找到最深层的原因：究竟是什么使我们擦亮眼睛，着了魔似的长久监视着我们的西北方，随时提防英国舰队可能的行为——凭借巨大优势发动闪电进攻，出现在赫尔戈兰岛。①

　　这一设想源于陆战。事实上，根据克劳塞维茨的《战争论》，在陆战中，主动权的重要性不容小觑。当两军在陆上对峙时，力量较强的一方为了掌握主动

① 　所有的海战准备、战时动员和战争打响最初几天里的海军行动成了坚信英国人进攻意图的最佳见证，从我们一开始加强北海诸岛的防御工事到炸毁古老的万格罗格古教堂塔楼（Wangerooge），以防止英国人将其作为航标，再到为了肆意地射杀侵入易北河的敌人而将库克斯港（Cuxhaven）的多排房屋夷为平地，无不如此。我们在库克斯港的易北河入海口、格纽斯海滩（Geniusbank）的亚德河（Jade）入海口深处布满了水雷。宣战的时候，海军舰队驻守在格纽斯堤坝后面：每当天色变暗的时候，卫兵们就全副武装随时防备英军的袭击，就好像英军的小型舰队能迅速突破驻扎在赫尔戈兰岛（Helgoland）和亚德河外沿的前哨部队，不给任何海上信号、毫无预兆地驶向亚德河一样。

权，会立即发动攻势；即使是力量较弱的一方也不会心甘情愿地放弃主动权，他们至少会试着通过进攻将战争主动权转移到己方。

这种战争观深深扎根于德国人的心中。世世代代的兵役制度以及军事教育使其在我们心中根深蒂固，并通过传承沿袭下来，今天依然在情感上对我们产生影响。

这种战争认知已变成我们的本能，因此，我们完全不能理解英国人在 1914 年 8 月为什么没有发动进攻。可以这么说，"如果我们拥有这样一支具有压倒性优势的舰队，我们一定会马上进攻"。从陆军的角度来看，这种想法是可能的，也是非常合情合理的，但也许并没有触及关键问题：英国是否有足够明智的理由发动进攻？对陆军适用的设想是否能直接运用到海军身上？

也就是说，较强的一方必须采取战略性进攻这一原则并不总是适用于海战。

战争伊始，英国就拥有极好的战略据点。大西洋是英国海上贸易的战略大动脉，这是来自易北河的德国舰队完全无法企及的。相反，苏格兰能轻易地在英吉利海峡切断德国的海上贸易通道，不再有商道通行的北海也会沦为死海。完美无缺的战略据点使得英国在整个一战期间完全没有加强阵地的需求。英国从一开始便呈现出满足的状态。即使面对可能失去布雷斯特（Brest）及瑟堡海峡（Cherbourg）沿岸地区的危险（后来马恩河战役解除了这一危机），英国人仍然不为所动。不需要攻占战略据点的英国舰队所面临的任务是获取制海权，即保护本国的海上商道，阻断德国的贸易往来，长远来说，如必要则需防卫该战略据点。以战略据点防卫为使命就意味着军队将采取战略防御而非战略进攻作战计划。而我们却对英国人的进攻精神深信不疑，并将陆军进攻战略意识自然而然地照搬到海军战略中。

这同时也说明，英国的作战计划与英国舰队是否拥有巨大物质优势没有关系，而依赖于从战争伊始就已存在的战略据点。不管英国舰队的实力强大还是弱小，英军与德军的力量对比如何变化——有时候英军力量是德军的三倍，有时候只有一半——英国的作战计划总是保持不变，即战略防御。不管在何种情况下，英国舰队的使命都是战略阵地防卫，英军只要严守使命，就牢牢扼住了大西洋的命脉。

英国海军统帅部甚至不具备选择采取战略进攻还是战略防御的权力。只要英国坐拥令人满足的战略据点，英国人必将采取防御的作战计划。如果我们在战争中摒弃固有信念，理智对待，就不会失策，即没能识破"大舰队"消极被动的作战方式。

（二）

从英国的作战计划中，我们可以轻而易举地看出它是如何策划一场争夺战的。

如果我们对英国的战略据点发动进攻，他们将击退我们——这是英军的防御任务。即使我们不直接从德意志湾侵犯英国的战略据点，但只要采取并坚决执行战略进攻型行动纲领，一旦这一行动威胁到英国的战略据点，英国就会全力以赴进行防御并取得胜利。他们早就做好取胜的准备以适应其防御任务需求。

然而，因为未遭袭击，英国看不到任何发起战争的必要。英国拥有大西洋的绝对控制权，除非其受到质疑，否则他们完全无须为之参战。而这项控制权对于我们而言根本就遥不可及。北海战役的必要前提——英国人的参战意愿纯属子虚乌有，完全是我们战争领导者的臆测。一场战役总得有参战双方。

世界大战中的海军战略：德国公海舰队的悲剧

与任何一支海军一样，保护海岸线也是"大舰队"的附带任务，这与战略上的防卫任务无关。保护海岸线与保卫战略据点这两件事之间毫无瓜葛。无论作战计划是战略防御还是进攻，保护海岸线是所有海军永远都无法推卸的任务。它是一项荣誉义务。英国海军也担负着这项圣洁而光荣的义务，而他们在雅茅斯（Yarmouth）和哈特尔浦（Hartlepool）未能完成这项义务。1916 年 8 月，德国军舰在日德兰海战（Skagerrakschlacht，也被称作斯卡格拉克海战）之后向英国海岸发起进攻时，英国海军列阵而出足以表明这种姿态。然而，他们仍然拒绝在自己的领海内会战。

与防卫任务无关而只是为了监视或是损伤我方的纯粹的战术行动，是在军事或是国际政治的考量下促成的。这些考量令我们完全捉摸不透，因为他们这些行动的动机并非出于防卫任务的战略必要。

"大舰队"在执行此类作战行动时谨小慎微、适可而止，因为此类行动的代价不应太大，否则得不偿失。1915 年 1 月的多格尔沙洲海战（Doggerbankgefecht）便是一大例证；日德兰海战中，"大舰队"在 6 月 1 日早上偃旗息鼓，也不失为这种适可而止的典范，因为战略方面没有什么迫使其必须做出抉择的理由。

1914 年 8 月 28 日，英国猛虎收敛爪牙，规规矩矩地蹲坐在"小山羊"（被作为诱饵布置在赫尔戈兰岛山崖上的我方前哨部队）身边半晌后才叼着它消失无踪。这已算是其海上偷袭的例子了。直到 1916 年 5 月，英国在投入新型舰队后终感自己占据充足优势，这才敢在远离自己海岸线的地方参战，在自己不冒风险的情况下重创敌军。此时，斯卡格拉克海峡偶然赐予其一次良机。

英国希望借此为特拉法尔加战役（Trafalgar）的声誉新添浓墨重彩的一笔。而在对斯卡格拉克寄予的厚望落空之后，直到大战结束，"大舰队"的战术行动均控制在一定分寸之内，严格遵循防御型作战方案，即防卫任务的要求。

二　德国的战略局势

（一）

相对德国，英国拥有完美的战略优势，因而采取了防御型作战方案，我们的战争领导者认识到这一点之后，本能且轻率地想到，我们应该采取与英国相反的措施：作战计划与战略据点是紧密相关的，所以我们迫切需要改善自身不佳的战略据点——德方必须采取战略性进攻策略。

便是换一种思路也能得出同一结论。

当一支陆军采取进攻型战术时，倘若对方不进行强有力的抵抗，那么己方便会占上风，从而愈发顺利地展开作战方案。若以此类比海军进攻，因为英军不会对进攻发起反抗，那么我们的作战方案本应得到进一步的贯彻。

然而此般成效却从未显现，也绝无可能被预见，因为这种可能卓有成效的作战计划并不存在。我们在海洋战略方面采取了防守战略，且显然要将之贯彻始终。

因此，我们便面临着和对面的英国人一样的处境，即坚守战略据点——我们坚守着德意志湾的战略据点，与之相应，军舰必然采取防守型作战计划。

没有什么战术能够将防守型的作战计划变成进攻型的作战计划，因为进攻型作战方案的目标就不是防守，而是改变战略据点。

换言之，战略性进攻以改变战略据点为目的，而战略性防守则以维护和保持战略据点为目的。因而，尽管我们的舰队可以在德意志湾发起肆意进攻，却仍维持着防守战略。从战壕中发起的进攻可能会将战线推到很远，但一旦它返回初始位置，这种进攻便仍只是一种战术行为。人们得先弄清这点，不然便会将战术进攻与战略进攻混为一谈。战略基础是重中之重，战术行动建立在此之上。

我们的军舰坚守在德意志湾的战略据点上，即以保护德意志湾为任务。但因英军并未对我们的战略据点发起进攻，所以我们的军舰在进攻时总是保护着本就未受攻击之所。

一个战略据点只有在涉及通商要道之时才会招致敌方的攻击。然而没有一条商路——哪怕是一条无足轻重的商路——途经德意志湾附近。而苏格兰与挪威之间的商路又遥不可及，对其进行攻击缺乏持久的影响力，因而只能是战术行动，并不可能发展到控制这条海上商道的地步。所以，苏格兰与挪威间的这条水路并不属于德意志湾制海权领域。在赫尔戈兰岛战略据点的作用力范围内没有其他的商道了。因此，我们的防守型作战方案压根没有可以保护的目标，换句话说，在北海领域无任何制海权之争。德意志湾无论是在过去、现在还是将来都只是这片"死亡之海"中的一个死角。

然而我们仍从德意志湾发起了一场大西洋海战。我们投入了潜艇，它使得对远离基地的敌方的商路发起持久进攻成为可能。英国对德意志湾的反攻随后也在环绕着德意志湾的矿石带中得以体现。

我们再一次环顾北海，就会发现德英两国都坚守着各自的战略据点。两国相距几百海里，均采用没有反击、没有联系也没有抵抗对象的防守型作战计划。双方都准备好竭尽全力保卫国土却又都把主动权推给对方。

然而两者间有一个巨大的不同之处。

在战略据点上，苏格兰控制着当时世界上所有通商要道，包括我们的。而德意志湾则什么都没有。

因此去攻占对方的战略据点是值得的，因为那里蕴藏着巨大财富；反之，他们进攻我们则是不值得的，因为那里什么都没有。

他们不得不进行防御，因为占据这一战略据点就意味着战争的胜利；反之，我们无须防御，因为我方据点本来就空无一物。

英国采取防御作战方式是正确的，德国则相反。因为对一个没有战略价值的地理位置进行防御是毫无意义的。

若不是德国当时坚信英国人的侵略精神，那么这一优势就会促使海军舰队采取战略进攻的作战方式，进而达到改善战略据点的目的。

（二）

波罗的海的局势则不同。在这里我们至少有一个较好的战略据点。西线进入对峙状态后，德国－瑞典的通商要道变得生死攸关。我们的任务就是向外扩大制海权的范围，以及攻占和保卫这些通商要道。若俄国不插手，至少能不那么急于干涉的话，我们在波罗的海的作战方式本应该是通过占领奥兰群岛来改善战略据点，进而征服里堡（Libau）和波罗的海三国（爱沙尼亚、拉脱维亚和立陶宛），但由于有防御俄国的任务，我们不得不采取防守型作战方式。

由于给波罗的海的安全性带来真正威胁的是英国而不是俄国，因此，该任务能否顺利完成并不取决于波罗的海三国海军的对俄——如果俄军进攻的话——作战能力，而是取决于聚集在北海的公海舰队（Hochseeflotte）的力量。显然，这个基于正确策略的作战计划对北海海军的作战产生了重大的影响。

对此，海军元帅冯·提尔皮茨（Großadmiral von

Tirpitz）在他的《回忆录》（*Erinnerungen*，第 300 ~ 301 页）中写道：

> 我们的海军战无不胜，这使得包括荷兰在内的北欧国家在面对英国的威胁时保持中立。本世纪初，我们的海军还很弱小时，英国就已经准备登陆日德兰半岛，就像后来对待希腊那样预谋强占丹麦。然而德国海军使得英国的这一计划无法实现。
>
> 设想一下，若我们的海军被彻底击溃，我们的经济和军事都将受到很大影响。北线将会受到严重威胁，东线和西线也将无法支撑。

确如海军元帅所描述的那样，波罗的海的安全关系到整个战争，因此海军作战必须小心谨慎。北海的所有海军舰队的行动都肩负着波罗的海安全的重任。

北海与波罗的海的作战策略需要统一，不能分割，因为两个战场的任务能否顺利完成都取决于同一支海军舰队。

海战的任务在于，从防守转为战略进攻并为进攻型作战计划指明方向，通过策略方法从根本上改善我们的战略据点，同时保证波罗的海的安全。

达到这一目标最合适的方法在于延续陆军西线的进攻战略，进逼大西洋，直达布雷斯特，同时封锁波罗的海。

马恩河战役使得这一计划的实施受到顽强的封锁阻碍，我们必须另辟蹊径。下文不再探讨对于英德两方哪一条道路更好的问题，而是会详细介绍另一条道路。这一道路之所以成为被介绍的主线，是因为它独立于陆军作战道路之外且贯穿于这场持续四年之久的战争。

三　进军大西洋

（一）

对每个战略据点——不论好坏——的坚守与战略防御，都是为了夺得制海权，即控制海上通商道路。

北边有一条通商要道在我们的控制范围之内，那就是从丹麦、瑞典和挪威起，途经卡特加特海峡（Kattegatt）和斯卡格拉克海峡并经由设得兰群岛

（Shetlands）进入大西洋的通商要道。有人会想，正是我们现在所处的劣势战略据点，使我们将"魔爪"伸向我们所能企及的最后一条通商要道。他们还会认为，对制海权的渴求正与防御作战计划的目标相符，这也许足以给我们的海上作战计划指明方向并推动进攻计划。

战争总司令部的领导层却有不同看法。我们允许丹麦人封锁贝尔特（Belt）和松德海峡（Sund）的出口，我猜想，还为他们对我们在波罗的海制海权进行保护表示感谢，就好像德国在波罗的海的安全并不单建立在德国海军的基础之上，就好像一旦失去德国的支持，丹麦的力量与意志不会瓦解似的。

封锁贝尔特海峡对卡特加特海峡海上贸易路线的影响更为深远。这条海上路线经过贝尔特海峡封锁线的背面，脱离了我们的掌控。在丹麦中立的幌子下，英国甚至不需要出动一只渔轮，就能不费吹灰之力，无偿获得这条通商要道。

换言之：

尽管英国对于自己于战争之初所拥有的战略据点感到满意并因此保持防御态势，英国还是利用"贝尔特封锁"将"丹麦"这一战略位置拉到了自己这边，从而能够将其封锁线向前推进到基尔运河。

我们并没有看出封锁贝尔特海峡和延伸封锁线两者之间的关系，至少战略上没有进行评估。因为我们只是从战役本身出发来制定战争策略，而没有深究背后的战略背景。

（二）

德国的战略进攻计划——将海军舰队从狭小的德意志湾解放出来——是必须将贝尔特海峡重新打开，并就丹麦水域的使用和北边通商要道的控制权与丹麦达成协议。在英国通过政治手段夺取了上述战略据点后，该计划变得更有必要。

实际上，这一计划在战略上是进攻性的。只要通过贝尔特海峡，打破英国的封锁，我们就开始行使制海权了。不管英国争不争夺这一位置，结果都一样。英国越少反抗，这个战略据点就会越快落入我们手中。战略与战术相互配合带来硕果，因为所有的战术都是以战略为依托的，也就是夺取战略据点。

如果说每一个战略进攻计划都是为了优化战略据点，那么在多大程度上算是优化，就有待商榷了。我们的重要优势只有以下几个。

通过与丹麦达成协议，我们获得了通往波罗的海的钥匙。我们能够从北边的松德海峡和贝尔特海峡对其进行掩护，防止其受到英国的袭击，从而保护波罗的海。倘若不考虑波罗的海，我方海军便进退自由。[①] 只要对北欧各国施压，提高我们的政治声誉与影响力，北方的交通要道便会落入我们手中。最终，我方海军舰队在卡特加特海峡立足，对英国构成巨大威胁，并为争夺大西洋开拓前景。

四　大西洋的门户

（一）

一旦我们将卡特加特海峡紧握在手上，可以进行战略扩张并准备好新一轮的海军行动时，就很有必要考虑一个问题：我们能否保住这个新的战略据点，能否保证在做好防御的情况下从这个位置开始向外扩张制海权。

假设我们做出了这个决定，那么能够行使制海权

---

① 即使在已经成功的西线进攻中，我们为了使舰队在大西洋上能够自由航行也应该运用这种方式保障波罗的海的安全。

的就只剩设得兰群岛—挪威这一通商要道了。

如何应对我们在这条通商要道内引起的不平静？他们会与我们进行争夺，还是干脆将通商道路北移以避开我们的势力范围？这些都是未知数。影响德国现在的战略据点的评估有两种可能性：放弃这一通商要道或是不战而败。

这说明，一个战略据点的重要性不在于其是否连接通商要道，而是在于这一通商要道对于自身或敌人是否意义重大、攸关存亡。英国的重要据点和经济动脉都在大西洋，这一通商道路对英国而言并非生死攸关，因此我们在卡特加特海峡对英国造成的威胁仍在其可承受范围内。

也就是说，英国可能会与我们争夺这一位置，也可能会置之不理。

这样我们的海军进攻会再次变成防御基础上纯粹的战术进攻，大概会是一场没有直接战略影响的战役。

尽管如此，我们在海上的战略据点总比在德意志湾的要好，因为我们现在掌握着具有自然战略优势的斯卡恩（Skagen）到埃姆斯河（Ems）的作战基地。尽管它并不具有威胁英国战略据点的高价值，但多少还有值得为其一战的意义。

从战略上看，德国是不满足的，仍肩负着战略进攻的压力。

卡特加特海峡也不足以使我们满足，由此可见，战略进攻型作战计划要遵循这样一个原则：作战计划要势不可当地冲击战争司令部，据点要不断向前推进，至少达到势均力敌的状态。一旦战略据点处于优势地位并稳固下来，对通商枢纽的制海权争夺之战便可开始了。

战略据点等同于地理位置，战略进攻无非是夺得一个个这样的地理位置，并据此开始海上交通枢纽的争夺战。首先我们需要够得着通商要道，然后才能争夺它。

只有当我们将手伸向通商要道时，才能逼迫对手进行防卫。

显然，海上作战只受战略据点而不受海军力量的影响。战略据点和作战计划都受制于自然地理因素，不受人的意愿支配。根本不必考虑对方的军事实力，只需坚持战略进攻的最终目的——地理位置的势均力敌。海洋战略总是与地理位置息息相关，与战略地理位置紧密挂钩。在战争文献中经常出现的所谓战略只是与敌方对战时采用的更宏大的作战战术和策略。

总之，海洋战略是一门关于地理位置的学说，它的进攻与防守都与通商要道密切相关。进攻型战略就是夺得这样的地理位置，防御型战略就是守住该据点。

陆战也是如此。进为攻，静为守。

区别仅在于，在陆战中该策略适用范围较小，且陆上地势多变，选择性多。陆上策略变化多端、灵活多样。海上策略则受海岸线形态和航线的地理位置的影响，选择性有限。因此海上策略在空间上限制较小，不受历史进程中国家边境线变化的影响。

进攻作战策略必须依靠地理因素，对此我们别无他法，必须遵循。

作战计划的大致方向不取决于双方力量的对比，而依赖于策略的实施、我们的远见，以及在战争的各个阶段能否选择正确的道路。

但就算由于对手的战争优势，我们被迫进入战略防御与坚守的阶段，战略进攻的作战计划仍然鲜活并具有强劲的推动力。

只有两件事可以破坏我们的进攻计划：

a）缺乏地理目标；

b）自愿放弃战略攻势，从而通过采取防御性行动计划将不利的战略位置变为恒定/惯性态势。

这是我们在世界大战中的命运。

（三）

下一阶段，我们的进攻目标是挪威，首先得将它从英国的控制下解放出来。

不可否认，这样的战争政策——我们的海军由贝尔特进入卡特加特海峡——是无法实现的。而我们的政界是否有此打算还是一个问题。但在西方遭受破坏之后，战争必须打响。海军司令部但凡能意识到这一点，并以此来不断地说服他人，政界和陆军也许就会被说服。民众也一定不会相信，因其地理位置意外陷入大国之间争霸战的国家没有这样的需求，即与德国这样的强国友好相处。也就是说，如果人们不相信这些国家的政治家能看出，德国在战争必要性的压力下对战争的时间提出了一定的要求，那就低估了他们的智商。

（四）

为了将战略进攻理论进行到底（实践中事情会容易一些），就必须越过北海，到达挪威，目的是征服和建立以挪威周围的系列岛屿——设得兰群岛、法罗群岛（Faroer）和冰岛为代表的地理位置，并在那里站稳脚跟。这一系列岛屿是通往大西洋的大门，当我们完成这一跨越时，大门就打开了。这个目标能否实现，还是要看战争中的抉择。因为英国最终不得不参战，不是为了荣誉，而是为了保卫其战略据点，为了得出分晓：谁将拥有大西洋之门，谁将赢得这场海战，我们，还是英国。

在德意志湾经常被呼唤的这场战争，已经不仅仅是一场战争，而且可能更是我们的狂欢。

所有战役都是在优势条件下开始的，也就是说，是在我们根据地附近联系紧密的海域展开的，从而弥补了我方侦查能力的不足。[①] 我们可以利用飞机和飞艇进行侦查，即使是在风力条件不利的情况下，它们也可以在挪威到埃姆斯河的海岸一带短途飞行和登陆。

海军司令不再在侦查不足的情况下盲目进军。机

---

① 距离：

挪威—设得兰岛：	180 海里
斯卡帕湾（Skapa - Flow）—设得兰岛：	120 海里
福斯湾（Firth of Forth）—设得兰岛：	240 海里
威廉港（Wilhelmshaven）—日德兰海战战场（Schlachtfeld Skagerrak）：	180 海里

会很多，他可以自由选择是否开战和何时开战。我们可以进行威胁也可以实施战略进攻，主动权掌握在我们手中。

每场战役，无论大小都关系到整个战争的走向。这里只有极尽手段的策略战，正所谓兵不厌诈，战争中没有开诚布公。如果我们趁热打铁，对贝尔特问题进行探讨，然后对这一战役进行策略规划，那么斯卡格拉克之战本应获得巨大的胜利。

上述对大西洋门户的争夺、对英国战略据点的进攻，很有可能持续到决战阶段。谁也无法预料结果会如何，我们必须对此进行权衡。

第二章
战略性防守

　　对战争初时所处战略局势的考量包括两个方面：一方面要考虑怎么行动才合适，另一方面也要考虑若没有采取适当行动的话情况会如何。通过此般对照，我们本该在当时的情况下更为迫切地采取战略性进攻措施，或是至少——因为我们拒绝采取战略性进攻——清楚地构想出自己坚持防守的战略形势。因此，我们的下一个任务便是调查德意志湾的战略特征。

一　德意志湾与海战

　　我们若能回想起 17 世纪的那场英荷海战，便会发现交战双方所处的战略形势是由其海岸情形所决定的。一面是泰晤士河，另一面是荷兰的海岸线，两者中间的海流是当时通往泰晤士及荷兰海港的世界贸易之路。因为双方都缺乏一个地理上的进攻目标，所以它们的战略据点都无法得以改善。因此，作战双方都只能坚守不动，被迫采取战略防守。然而双方几乎势均力敌，在此情况下无论是英国人还是荷兰人都有可能获取制海权。换言之，他们双方都有可能夺取这条至关重要的贸易之路。

由此一例可知，一场海战受制于两个因素：一是舰队，二是战略位置。若这两个前提中缺少一个，那么这场海战就会停止。如果没有军舰，那么一场海战在它还未开始之际便结束了。因为没有军舰，人们根本无法作战。如果双方在战略位置上不再势均力敌，那么贸易之路便会愈发落入拥有较强地理位置一方的手中，直至强弱对比悬殊时，弱方重要的生命线是再也不可能得以实现了。到这时，尽管军舰仍然存在，战争也已叫停。

我们所面临的就是这种极端的强弱对比。我们在德意志湾根本无法触碰到大西洋的世界交通动脉，更不要说去控制它了。

因而，放弃战略性进攻，或者说放弃向大西洋的地理进攻，恰恰就意味着放弃海战。也就是说，我们建立了一支舰队，现在却要放弃使用它。如果总部的人能明白这点，本应罕见地采取强制手段来进行战略性进攻。因为我们若不打仗，就不可能赢得这场海战。我们不种因，就无法得果。但这恰恰是我们所期盼的，我们也是这样命令自己的舰队的。

在德意志湾无从赢取海战，因为根本就无从发起海战。只要在极端恶劣的战略形势下一直采取战略性防守的作战计划，我们的舰队行动就根本无助于赢得这场海战。

但如果我们被动挨打，将波罗的海拱手相让的话，就有可能输掉这场战争。

二　战略真空

1. 每一场海战都事关己方船只的航海自由。在英军宣战之始，光是由于地理条件我们便已失去了这种自由。因为在战争中，只有凭借地理条件控制贸易通道的那方才拥有这种自由。剥夺了我们自由航海权的"大舰队"便在默默地维护其战略地位的同时，单凭其地理上的优势就制服了我们。

因而，在掌控了与一切都息息相关的地理情况的前提下，人们可以在北海肆意打仗而不受丝毫影响，而海洋自由在这种情况下也根本无从谈起。

由此可知：在北海投入舰队无法起决定作用。

2. 人们无法改变地理状况。然而我们却认为可以通过一场战役来赢取战争的胜利。所以确切说来，要求我们的舰队去改变地理状况，这完全是一种强求。

由此便有了下述定律：在战役中失去的，可以通过战役赢回来；而在地理上失去的，只能在地理上赢回来。

3. 在双方势均力敌的情况下，战役起着至关重要的作用。像在陆战中一样，军舰完全是开战的工具。然而北海这样的局势仅仅取决于地理情况，于是军舰便不再充当开战的工具。

在这两个极值之间存在各种可能性。在陆战中清楚明确的，到了海战中便变得多变和取决于地理状况，甚至需要根据地理状况进行分析。

由此便有了下述定律：军舰是根据作战的地理环境开战的工具。

4. 地理状况决定了战役的等级。战役与战役之间存在本质的区别，因为与每一场战役相关的地理位置都被忽视了。这一地理因素也体现在"战役的战略意志"中。人们可能拥有一种进攻的天性，如果一切都与战役毫不相干，那也就不存在什么"战役意志"。人们没有这种意图，哪怕他们认为自己有。他们有的充其量只是破坏意图而已。

只要人们有意识地、不带偏见地去考察所有北海海域事件战略形势表层之下潜藏的更为深层的东西，他们便能发现，战争双方的所有行动都体现了他们对地理状况的感知。敌方的任何行动并不能体现有利于他们的意图，他们只会做破坏对方的决定。

由此便有了下述定律："战役的战略意志"与地理状况相关。

对于世界大战的领导者而言，这意味着他们得被迫采取战略性进攻。对于军舰而言则意味着它们在北海海域处于一个战略"真空"状态。

三 战役"自体"

在战略据点作为海战要素不存在之际，便会发生一种奇怪的现象：我们虽然有军舰，却因为受到了地理状况的阻碍而不能将其投入当前的战斗。

我们并没有一种能够值得为之奋斗的战略目标。

我们在关键性的时刻将军舰从战争的洪流之中撤了出来。它们所进行的任务不过是徒劳之功。

人们很可能会猜想，在这种情况之下的战役肯定拥有某些固有的特质。因此，我们得对这场战役进行一番调查。

（一）

一场战役如果只是单纯的战术行动，那么它对一场战争来说就无足轻重。只有在扫清实现战略目标的障碍之后，一场战役对于战争来说才有了意义。克劳塞维茨认为，战役是实现战略目标的"手段"。一场海战战役只有在夺取了某个战略据点或为海上霸权扫清或铺垫了道路之际，才有决定性的意义。

因此，事实证明，海战战役和诞生海战战役的海洋战争一样受到同样因素的制约。它也是由战术和战略两个部分组合而成的。战术部分是行为，战略部分则是作用。以北海为例，如果其战略部分失效了，也就是说其作用不复存在了，那么光有战术部分也是多余的。如果没有战略目标，那么战役也就不再充当手段，它便"失去目标"，成了目标本身，也就是战役"自体"，换句话说，战役本身对一场战争来说毫无意义，仅仅是一场战役而已。

因此，战役"自体"是一种战术表象，对战争没有决定性。

（二）

英国凭借其据点拥有了一切，而我们则放弃了战略性进攻。我们的据点无足轻重，因此英国也放弃了对我们的进攻。但如果作战双方都放弃进攻的话，那就是说没人想从对方那里夺取什么东西。没有目标，人们就不会斗争。

在此情况下就不存在战役。因为战役变得不再必要。一场没有必要的战役便听凭偶然主宰。[1] 这里的偶然指的是一切意外及错误估计，它们无疑与战争的

---

① 第一次世界大战期间芬兰海军指挥官古斯塔夫·冯·舒尔茨（Gustav von Schoultz）在其著作《世界大战中与英国大舰队相遇》（*Mit der Grand Fleet im Weltkriege*, Leipzig: Verlag K. F. Koehler, 1925）中认为英国军舰离港而导致斯卡格拉克海战（英国称之为日德兰海战——编者注）的原因是：大舰队为了逼退俄军在波罗的海的军事力量而在斯卡格拉克海峡示威。而我们则错误地认为斯卡格拉克海战是我方第三舰队司令，即海军上将舍尔（Admiral Scheer）改变战略的结果。英国人没有意识到我方的战略变化完全是理所当然的事，因为实际上我方根本就未曾改变过战略。我方所有舰队司令的战略依旧是战略性防守。因而，斯卡格拉克海战是一场偶然之战，是一场损伤之战。

不确定性联系在一起。

战役"自体"是一场偶然之战，它并不是战略的必然要求。

（三）

如果一场战役并没有必要，那么不出意外的话，它就不会发生。因此，这场战争理所当然地在没有战役的情况下持续了四年。因为在这个世界上存在着一个无法估量的因素——领导者的责任感。海军上将——这里既指英军亦指德军的舰队司令——肩负着其帝国军舰的责任，不得不命人赴死，但他们出于自己的良知得辨别什么是完全有必要做的。只有当一方为了生存不得不夺取某样东西，而另一方为了活命而不愿放弃它的时候，才会发起战役。在此之前双方是不可能打仗的。北海海域并没有这种"某样东西"——商路。那句为人熟知的"要是我们打了仗，那么我们就会如何如何"完全是无稽之谈。因为这个"要是"的前提根本就不存在。北海战役仅仅就是一场存在于脑海中的战役，不过是幻想罢了。

战役"自体"是一场不存在的战役。

（四）

人们若是提取出了战役的核心——能决定战争的作用，那么剩下来的便只有其外壳——一场战役表面上所显现出的纯粹的物质破坏之像。任何一场对立双方的碰面——无论人们称战役还是交战，除了或多或少的物质破坏之外不会造成别的后果。

无论在何时，双方都可以自愿发起一场战役，而不会引发战略上的被动。他们只需到对方的海岸边上待上一段时间，等到对方觉得有点过了，那么一场战役无疑就会发生。

这样一场战役在战略上看起来如下。

被进攻的一方处于保卫海岸的姿态。对于此方而言，他们虽无战略上的动机，却因自己光荣的保卫义务而被迫采取行动。进攻方则摆脱了自己保卫领土的任务，也不再有任何战略上的目标。对于他们而言，战役变成了一场没有动机的纯粹的战术行动。他们的目的仅仅是打击对方。可想而知，在敌人家门前发起战争会使得自己在战术上处于一个不利的位置，所以没有一方会选择这么做。这在广义上可以理解为，在领海范围之外的北海自由海域上作战，不光是对某一方，而且对于双方而言都不属于保卫任务的范畴。这么一场战役对于双方而言都是一项纯粹的战术行为，它唯一的目的仅是打击对方这么简单。

因此，无论双方承认与否，他们都只愿意在一个有利的时机和有利的地点参加此类战役。

一个能够打击对方的有利时机意味着己方在地点上的优势。无论在何种情况下，人们都想要且必须要避免自己打击对方的意图转变成对方对自己的伤害。因此，双方都害怕陷入一个自己不能完全掌控的局面。一旦"风险"一词在远远的前方出现，他们就立刻放弃打击对方的意图。因此，在所有此类以打击对方为目的的战役中，交战双方都缺乏捣毁对方的坚定意志。

军舰不再充当发动战争的工具，而沦落成打击对方的工具。

这场本应是争夺海域的战役也因这些策略而沦落成一场争夺有利时机的游戏。①

---

① 属于这种情况的有：一方处于劣势，必须一直等待与拥有优势的敌方大部队发生冲撞的舰队，它采取了强势的军事侦察，强势到足以压制敌方大部队侦查，并能洞察对方。但我们没有这种侦查能力。军事侦察和鱼雷艇武器不适用于"在赫尔戈兰岛周围方圆一百海里内的战役"。日德兰海战中，杰利科（John Jellicoe，英国一战皇家海军元帅）洞察了我方，而不是我方洞察对方，就足以说明这点。

战役"自体"是一场打击之战，是一场良机之争。[1]

由此可得，战役"自体"是一场没有动机、没有对象、没有目标的战役。它是一场偶然之战，与一切战略都毫不相干。倘使果真存在这么一场战役，那么它不过是一场纯粹的打击行动，对战争本身不产生任何影响。然而，我们的行动计划却坚信了这场战役，并坚信其被歌颂的却根本就不具备的存在性和战争关键性内容。将这幅战役的阴影投像，并将这场虚构的决定性战役放入历史之光中，置于真实的世界中，才是我们的舰队在大战中的任务。

这项任务是无法完成的。

---

[1]　见第 29 页脚注①。

第三章

北海局势

迄今为止所进行的研究任务，焦点在于证明海战是具有二元性的，即一场海战战役和海洋战争的胜利与否都是由两种因素共同作用的结果。

战略地理位置对于一支舰队来说至关重要，反之亦然。一支舰队不可能在世界上任意一个地方都会败北，它处在一个它真正得以施展影响的确定的局势当中，并与整个的行动计划紧密相连。一场战役也不是绝对的，不是无根无基地存在于时空中，而是只有在讨论到舰队赖以存在的战略据点时，一场战役才能称为战役。我们不能像我们的海上行动计划那样，也不能像战争文献中对于北海战争进程通常所讨论的那样，直接把这一战略地理位置遗忘了。这会产生谬论。而只有从湿三角（Nasses Dreieck）[①] 这一战略基础出发来看，战争中的战略军事行动才真正具有意义。因为不管地理位置是否有利都属于战略的范畴，争取地理位置的任务是需要舰队作为战略武器来完成的。

正如我们所见，我方咬住德意志湾战略位置不放的战略防御计划是错误的。现在我们应该对这一错误的行动计划所产生的影响进行研究。

一 防御战和战略性压力

推动"大舰队"参与战役的原动力并非来源于它的战略防御行动计划。因为我们从来就没有对英国的战略位置构成过威胁，更别提发起进攻了。他们发起进攻的动机一方面来自包含军队运输在内的海防行动，但其地理优势已很好地保护了军队运输；另一方面则出于军事目的，即监视我方舰队的动向并伺机破坏。

从军事目的来说，英国舰队的海上航行，从来都不是因为战略性压力造成的。"大舰队"从来不会在对其不利的情况下被迫在德国湾附近与我军交战，尽

---

① 湿三角是内陆航运的重要枢纽。——译者注

管他们也致力于加强海防并且希望在时机成熟时能够给我军以一记重创。

而我军战略防御行动计划的任务也是如此。我军也必须守卫我国的战略位置和海岸线，由于德国海岸线较短，所以战略位置和海岸线基本等同。我军也从未遭受到进攻，因此战略防御行动计划从来没有产生过战略性压力。我方舰队在遇到有利时机时去破坏敌人，这是我们的军事目的。

两国舰队看似被赋予了相同的任务，但事实上两者差异很大。这一点在"有利时机"这一概念中体现了出来。我们并不希望随时随地盲目发动进攻，而是希望我军的行动能够吸引英方舰队主动接近我方军队。①

也就是说舰队应该有意识地通过一些措施引起战役，这是我军肩负的使命。这里我们就受到了限制。这一限制导致了战略上错误的防御行动计划的出现。这个坚守德意志湾的战略防御计划被证明是错误的。只有主动发动进攻才能将舰队从这一僵局中解救出

---

① Alfred von Tirpitz, Erinnerungen (Leipzig: Verlag K. F. Koehler, 1919), S. 317.

来。由于大家既没有认识到这一战略存在失误，也没能理解战略进攻的真正含义，因此这一战略性压力就一直影响着战术的选择。我军认为舰队应该发动战略进攻，[①] 把战略进攻和战术进攻混为一谈了。他们想要通过战术来弥补战略上的失误。这是不可行的，原因如下。

我军希望能够迫使英国人主动接近我方军队。对英国人来说，德国北海上的舰队航行并不会强制英国采取战略行动，因为这并不会伤害到它们。而且就连对沿海地区的扫射（比如雅茅斯等地）也是针对无用的对象所做的试验。因为这种压力并非战略上的，而仅仅是地域上的，且只存在于海防线以内。对于德军舰队主帅来说并不存在某种权力手段或强制措施以发动一场方式和地点完全符合我方意愿的战役。因此如果想要尽最大可能（排除单纯的偶发事件）发起一场战役，就必须进入英国舰队可以自由航行的北海海域[②]，从战

---

① Alfred von Tirpitz, Erinnerungen (Leipzig: Verlag K. F. Koehler, 1919), S. 324.

② 舒尔茨曾说，"大舰队"的活动范围通常位于北纬 54°以北（福斯湾宽度以内）。

术角度说，这是必须要达到的结果。这意味着（依然排除单纯的偶然情况），我们必须接受一场对英国人来说天时地利而理所当然对我们十分不利的战役。我们不能忽视"大舰队"所拥有的绝对优势，同时也必须承认我方舰队一样有争取时机的权利，即使我方舰队处于劣势，尤其是在侦察能力方面比较薄弱。而事实上，并不是我军吸引英军靠近我军阵营，而是英军迫使我军靠近他们。① 我军由于地理位置不利受到了战略上的限制，而英国人则完全没有受到限制，因此我们希望诉诸一场暂时不求目的的战役。英国人凭借优越的地理位置而非舰队的优势掌握了整个局势。"大舰队"是整个局势的主人，它给我军规定了战术行动的准则。这说明了战略失误对战术的影响。战略上的失误，

_____

① 在为达成行动计划的辅助命令之下，将英方舰队一步一步吸引过来的过程十分有趣。当英国人还没有现身的时候，所有的辅助命令都扩大了舰队主帅的行动自由。根据这一观点，海上封锁依然存在，只是扩大了活动半径。与其通过鱼雷艇夜攻的方法达成实力均衡，倒不如让整个舰队更加果断，凭借更大的活动半径实现更大范围的反攻，放弃原本的实力均衡，一直攻打到敌国的海岸线。（Von Admiral v. Ingenohl, Archiv für Politik und Geschichte, 1927, Heft I: Der Einsatz unserer Flotte im ersten Kriegshalbjahr.）

只能通过战略决策来消除，战术是无法弥补的。

每一次战略进攻战都不尽相同。只要我们冲破了丹麦贝尔特海峡的封锁，英国人就会看清我们战争指挥部的意图，并不得不做出选择：是把战略据点留给我们，还是为争夺战略据点与我们作战。如果英军舰队想要阻止我军向大西洋进军的话，就必须向我们靠近。他们的舰队就必须在对我军有利而对他们不利的条件下作战。我军可以根据自身的需要选择拒绝或接受作战。英国必须一再地靠近并试图发起战斗，而我们却掌握着选择有利时机的权力。就像在北海的形势一样，一切都颠倒过来了：我们对敌军施加一定的强制力，掌握着整个局势的主动权，并拥有强制敌人接受战术行动准则的力量。

每一场战略进攻战其实都包含进军通商要道，以此来展示争夺海上霸权的意志。因此敌人要被迫随时抵抗进攻，并且在战斗中做出要赢取整场海战胜利的决定，而并不需要亲自去争夺通商要道。而来自德意志湾的军事指挥却向敌人公开展示出截然相反的一面，即放弃一切。

如果当初我们赢得了马恩河战役的胜利并且占领

世界大战中的海军战略：德国公海舰队的悲剧

了大西洋军事要塞布雷斯特的话，那么就如同突破丹麦海峡一样，我们的西线进攻战就可以如火如荼地展开。这样一来，取代丹麦的地位和政治协商资格的便是荷兰了。那么将布雷斯特作为斯海尔德河上必要的中途停靠港的问题就十分紧迫了。在这里，我们进军大西洋的战略目标变得有目共睹。为了阻止我军出兵布雷斯特，"大舰队"必须把他们的军事基地从斯卡帕湾①向南迁。他们必须竭力控制我方舰队离港。一场争斗使原本死寂沉沉的北海变得生机勃勃起来，因为只有一条航线贯通北海并与大西洋的动脉相连。关于这条航线的归属问题目前亟须讨论。如之前所提到的争夺大西洋之门的战斗就在我国海岸线附近，并且是在对我军来说可以接受的条件下发生的。那么为了达成这个目标就必须做出可能就在北海海域进行战斗

---

① 斯卡帕湾是一块位于英国苏格兰地区最北端、奥克尼群岛（Orkney Islands）境内的半封闭水域，该群岛中的主岛（Mainland）、霍伊岛（Hoy）、南罗纳赛岛（South Ronaldsay）与一干小岛呈环绕之势，是一良好的天然海湾。从古代的维京人时代开始，斯卡帕湾就一直是军舰频繁进出的区域，并且曾在第一次与第二次世界大战期间，被英国作为围堵敌对势力进入大西洋地区的主要基地。发生在斯卡帕湾的另外一个最出名的历史事件是，1919 年 6 月 21 日，德国公海舰队 52 艘军舰在此集体自沉。——译者注

的决定。不过布雷斯特也属于北海，代表着进军大西
洋的决心。

二 防御战和战役的军事作用

假设我们有幸在北海赢得一场战役，就像之前预
期的日德兰海战，其对战争的影响也是有限的，正如
之前阐明的那样，北海上无法获得战役所必需的战略
因素。

在一片死寂的北海之上不存在任何有利的因素。
尽管战术上获得了成功，但战争的战略局势仍然维持
原状，因为战术上的成功只有在与战略据点共同作用
时才能取得有意义的胜利。

我们并没有考虑到这些内在联系，对它们视而不
见，以至于日德兰海战发生两年半之后，甚至今天依
然把这场胜利的无用性归咎为战争规模太小。

对战争毫无益处的交战对德国人来说是难以想象
的，这就导致我们一再地想要先搞清楚地理局势。对
此我们可以举个例子：设想有两支舰队在里海上活
动，那么就很容易理解：无论它们是否交战，伤亡多
大，谁取得胜利都是无关紧要的。因为海上航线上的

船只是绝对不会因此就被迫离开航线的。虽然北海北向是完全开放的，却被英国封锁线紧密封锁起来。德国的行动计划从未谈及这条封锁线，甚至从来都没有考虑过它。由此就产生了这样的效应，好像在大海之上有一道连接挪威和苏格兰的陆桥。如果这样来设想的话，北海就变得和里海一样了。

战争伊始英国采取的各种海上行动，使我们产生了一种误解，我们本该与英国一样多次进行海上行动，发起战役。我们自始至终只有一次机会，就是我们偶然抓住的那次。从 1914 年 8 月 28 日的赫尔戈兰岛战役中，为何英国和德国应该得出不同的经验和结果呢？这说不通。因为德国按照相同战术进行的分舰队航行，都只是呼应英国针对德国赫尔戈兰岛前哨线的行动，这就有可能牺牲掉德国分舰队的优势。第一次失利之后，德国本应该像 8 月 28 日之后停止前哨线活动一样停止这些针对英国的分舰队航行。德国总是只考虑着对付"大舰队"，而没有看到这一从天而降的机会。因此在战争初期，我们错失了也给英国人一个难忘的 8 月 28 日的机会。

此外还有一点令人难以理解的是：为什么"大舰队"在这个事件中应该得出与在日德兰海战中不

一样的实战经验。英国人那时应该已经变得更为小心了。为了发起第二场战役，我们本应该像舰队在1916年8月所做的那样，更进一步，有可能的话直击英国的海岸线。但这并非自愿，而是战略局势所迫。日德兰海战的影响就是，如果无论如何都要发动第二场战役的话，英军舰队就会更加明目张胆地迫使我方靠近他们，战术行动非但不会变得简单，反而会更加复杂。

英国海岸线上是否会发生战争不仅取决于德国舰队，与英国人也是分不开的。受害者会小心翼翼，但越是小心翼翼就越可能遭受更大的失败。

错失了战术上的良机总是令人扼腕叹息，不过战争的命运并不会凭此而定。只要我们的舰队还在北海行动，那么有无战役发生原则上都不会影响战争进程。战争过程中决定性的转折并不取决于战役，而是有赖于行动计划。

而在战略进攻战中一切又不同了。

在这里，谨小慎微对英国人来说毫无用处。如果英国人不再来犯，那么我们进军大西洋的行动就能更加不受拘束。相反，如果他们不得不回来，我们对他们施加的强制力或随着每一次的成功而变得越来越强大。

三 防御战和战役的政治影响

一场这样的战役会引起怎样的政治印象，这个问题取决于个人信念。因为当一场战争打响的时候，英国是不屈不挠的。

无可辩驳的是，政治影响取决于战役本身，因为战役是展示我们如何克敌制胜的直观标志。北海上发生的战役却缺乏对战争的决定性影响，因此也缺乏政治上的成功。出于这个原因，连日德兰海战在政治上也缺乏利用价值。第一印象会很快消逝，因为永不会掉落的达摩克利斯之剑没有威慑力。

很难想象英国在做战略思考时竟未对此做好准备。只有我们才总是喜欢对政治价值做过高的估计，因为我们总是倾向于纯粹的战术，认为每一场战役来自某一个发动战争的决定，对海战中的二元关系却不甚了解。

四 防御战和主动权

1915 年夏，舰队就在苏格兰发起战役这一提议进行了讨论。我军计划埋伏在福斯湾附近，伺机向英国舰队发起进攻。这一计划并未付诸实践，引人注意的原因如下。

只要我方舰队到达苏格兰并等待时机，主动权就从我们手中转移到了英国人手中，因为从这一刻开始，战役发生与否以及战役会在什么时间和怎样的局势下发生都只取决于"大舰队"的行动。在丧失了主动性这一有利条件的情况下，毫无目的性的错误的行动计划开始显露出来。我方舰队在等待时机的过程中无所事事，因为北海既没有通商要道也没有可以作为目标的战略性阵地。舰队的所有战术攻击都展现出令人失望的盲目性。进军目的这一问题始终无解。人们或多或少地感觉到了这一点，虽然并不清楚原因是什么。①

如果战略进攻在即，大家却不知道应该对这场进攻提出什么样的要求，那么就会试图把所有的战术优势都掌握在手中。如果有人在战略进攻战的过程中笃

---

① "北海发起的攻击通常是徒劳的，因为它们只是为了发生些什么而发生的。"这种方式无异于自杀。人们不能仅仅为了战斗而在这么严重的情况下就发生战斗。（摘自 1915 年 2 月 1 日的第一中队备忘录：Denkschrift des I. Geschwaders vom 1. Februar 1915.）

定战役会发生，那么他必然不会考虑到这场战役是一场必输的战役，我方从一开始就把战术王牌都拱手相让，并且在完全不利的地点开战。

早在我们寻找作战时机之前，就应该对一些异状表示怀疑。最终的目的不是战役，而是要凭借战略来确定。如果制订了正确的战略行动计划，在战略指引之下战役就会不可避免地发生，就根本不需要寻找作战时机。

如果没有目标，便不会有必须通过交战来扫除的通往目标路上的障碍。作战从来都只是手段，而非目的。

五 "存在舰队"①

战略行动计划是所有战争的基础。说到底对战

① "存在舰队"（Fleet in being）是著名的海军战略之一，指一支海军舰队对某一片海域施加影响力，但是从来不离开其主要港口。一旦离开港口，这支舰队就有可能在海战中被消灭，而不能再影响敌人的决策；但是如果一直停在海港里，敌人就不得不为了防备它而部署军事力量甚至改变战略决策。"存在舰队"理论上是由在制海权争夺中较劣势的一方来使用的，是一种削弱敌人从而实现海域控制的手段，而不是主动夺取制海权的手段。第一次世界大战期间，德意志帝国海军公海舰队与英国海军主力舰队也使用了此战略理论。在日德兰海战之前，德、英两军为了保持舰队的战斗力、避免损失，相互牵制而不冒险出战。——译者注

略地理位置的渴望远胜一切，从而迫使舰队去执行关于地理位置的行动计划的命令。

但强大的舰队并不是只能保护德意志湾，何况那里毫无价值可言，并没有人想得到它。首先这种单纯的防御行动计划违背了战争的必然性，因为在战争中英国已经抛出了海上霸权的问题并因此成为我们最强大的敌人，而我们还在单纯防御。

所有人都认为，正是在湿三角的坚守把我方舰队变成了"存在舰队"，其标志是"存在即完成任务"。北海战场上"存在舰队"的特征在于，不是战术上的成功改变战局，恰恰是失败将局势推向不利的一面，还会把剩余的领地，即波罗的海及其坚守的陆地领土，甚至把潜艇战和整个战争的开端都置于危险之中。我们可能什么都得不到，还会输掉一切。

如果将我方舰队在战争中的真实表现与这个任务相比较就会发现，舰队总是能够得到合乎地缘特点的正确的指挥。地缘，在我们看来还是战略空白的地缘，独自占据着支配地位。我方舰队已经基本完成地理行动计划中提出的关于超级舰队的任务。对于我们最后一片领地——波罗的海的保护任务已经完成。当然与英国舰队的联系也只是停留在能够阻挡"大舰队"强行通过达达尼尔海峡的范围内，如果没有这层联系，英军很可能就要突破达达尼尔海峡了。但是我方舰队却没有能力阻挡英国舰队组织潜艇防卫军。

人们习惯于忽略潜在的损失。

假设我们的舰队受到重创，对于英国来说再次发动大规模的战略进攻战也就没有危险了。只有当我们在失利之后仍然能够保持足够强大的实力，以至于英国认为入侵波罗的海的行动是不明智的，并且我们能够把瑞典的矿藏据为己有时，在这种情况下，德国强大的舰队就不会遭到英国的攻击，英德之间就可以停止不必要的海战。那么英国的达达尼尔海峡行动会如何进行呢？如果达达尼尔海峡沦陷，保加利亚和罗马尼亚又会采取什么行动呢？那时候我们还能够得到罗马尼亚的谷物和战争赖以进行的石油吗？紧接着先在加里波利（Gallipoli）后在塞萨洛尼基（Saloniki）集结的协约国军队会不会出现在西线，或越过克里米亚直捣沙俄？又或者长久以来经由地中海上的不冻港通往俄国的物资运输路线，并不比经由北冰洋进行少量运输的影响更大呢？

"存在舰队"阻止了这些可能性的发生。"存在舰队"就像差点拯救了我们的潜艇战一样。如果没有"存在舰队"的存在，四年战争很可能根本无法坚持下来。

与北海战略真空造成的战术上的绝对劣势相比，"存在舰队"所带来的有利局面，尽管是仅有的有利局面，也是分外突出的，并最终得到了认同和肯定。

这一紧凑任务被认为与我方舰队实力不匹配，这一点是很容易理解的。我们还没有弄清楚和没有注意到的是："北海防御战"是引起一切后患的根源。

为了抵抗德国潜艇战，英国在德意志湾周围布满了水雷，迫使德国舰队探测水雷，德国舰队却在此时成功抵达一条战略性航道，也就是保护德意志海湾免遭入侵。然而这也没能充分利用舰队的战斗力。

六　作为行动根基的战略

不时有人会说，如果我们完胜一场战役，那么就能完全掌握战略进攻的主动权，比如说 1914 年 12 月

16 日向哈特尔浦进军，因为这一天恰好交战双方同时出现在海上。这场战役会成为第一场战役，并且胜利自然会带来战略地位的改善。

假设战争的好运向我们招手，我们便可越过在战术上的弯路而最终掌握战略进攻的主动权，这是毋庸置疑的，但这种好运是不大可能出现的，日德兰海战之后我们的行动和战术考虑也都说明这是不可能的。唯一有争议的地方在于，从一开始就制订它的战争计划这种做法是否正确。

始终需要强调的是，我们从来没有思考过是否会有比日德兰海战更大的一场胜利为我们点亮象征战略之光的火把，我们能否从北海战场全身而退，又或者我们会否坚持立场誓死守卫北海。对这个问题的回答取决于每个人的信念，而对此谁也无法说服谁。

这里涉及的只是客观、纯粹的军事问题：我们对于海战的观点以及我们的行动是正确还是错误的？"首先战斗，然后——取决于他们的失败——再选择战略进攻？"

有时候源于日常生活的微不足道的比较比任何解释都更能说明整个情况，虽然这个比喻也有些不恰当。

举个例子。

如果有个人需要偿还票据债务，他就会很节俭并且会依赖个人的意志来采取措施，以确保在债务到期的那一天筹足金额，并不单单满足于买彩票。如果他真的买彩票并且中奖了，那么每个人都会认为他很幸运，但不会有人把买彩票当作偿还债务的正确途径。

行动计划是基础，战术的任务是把事先确定的行动计划付诸实践。每一场战役之后我们都必须提高自身的战略地位，战略地位是我们的个人意志所确定的目标。进攻性行动计划正是这种自己偿还债务的体现。

我们不会在没有计划和目标的前提下，随意地为了打仗而盲目挑起战争，继而根据胜利成果是否够大来判断我们的战略是否正确。

事实上，战争的好运并没有向我们招手，而我们也并没有制订正确的行动计划。

战略是基础，战术建立在此基础上。

战术是达到战略目的的手段，从前如此，今后也一直如此。不明白的是，为什么偏偏在这场战争中相反的情况应该是正确的。

七　我军的困境

偶尔对我们的局势会有以下的描述：海战指挥部也许本来认识到了丹麦地理位置的价值，却毫无希望说服外交部和最高陆军指挥部。因此，尽管舰队对情势有了更好的了解，却依然被迫面对不利的局面，并必须在这种不利的局面下采取一切可能的行动。

如今回顾起来，当然没有必要来讨论当时政治和陆军的斗争取得了怎样的胜利，只有一个事实是重要的：海战指挥部从来没有提出过打开贝尔特海峡的要求。他们只在卡特加特海峡看到了一条战略通道和非常受欢迎的德意志湾延伸水域，但他们并不了解海湾的战略价值。①

---

①　a）海军上将冯・提尔皮茨在他的《回忆录》第315页这样写道："上将冯・英格诺尔（Admiral v. Ingenohl，舰队主帅）现在要求开放贝尔特海峡。在整个事件之后对于这样的要求丹麦人并不接受。这些要求在任何情况下都不应该被提出来，因为英国人很快就会知晓。"

b）我提到我们在战争爆发的时候与丹麦达成了协定，丹麦要保证封锁大贝尔特海峡以阻止所有战争参与者通过。可惜的是，这个在战争打响的前几天里经过我批准的协定居然成了我们的劣势，因为我们相信，我们会在接下来的战争进程中一直顾及与丹麦的这层关系，然而我们在德意志湾陷入不幸的战略形势后，它却妨碍我们利用卡特加特海峡和斯卡格拉克海峡改善这个形势（Tirpitz, Erinnerungen, S. 323, Fußnote）。

因为他们笃定地"相信自己",相信战役对于整场战争决定性的影响,也就是说他们并没有认识到我们的行动计划是错误的。如果当初认识到丹麦地理位置的战略价值,那么从西线陷入僵局之后到战争结束,这里都势必成为兵家必争之地。北海上的舰队也早就能够理智地从自身所处的局势中得出结论,关于战役的争论也就本不会产生了。

从这里得出了警示后世的教训:就算处于和平年代,也要居安思危弄清战争地理形势。如果国家做到了这一点,就能够制订出包含政治以及陆海军在内的总体行动计划。在战争中我们所应该具备的,也是我们一直缺乏的,就是一个考虑周全的统一的战时计划。

八　防御战和潜艇战

战争的第二阶段以潜艇战为主要标志,虽然有各种政治上的阻碍,但它差点为我们带来和平。在水雷战中,潜艇战对舰队发挥了微小但具有正确战略意义的影响力。按照情势变迁原则,在这个战争阶段鲜少有人反对舰队的投入使用,也鲜少有人说我们的作战计划是正确的。

正是因为这个作战计划，我们的公海舰队被排除在战争之外，或者说打入冷宫，潜艇才冲破重重阻碍成了战争的中心，也成为我们对抗英国的唯一武器。在交战中，潜艇与一个岛国一起始终被赋予特别的角色，但只有舰队对于湿三角的坚守才使潜艇成为和平机会的唯一承载者。

不管如何尝试，在北海战场处于防御的局势下运用潜艇来抵御敌军是没有胜算的，在战略进攻战中可能还有机会。在这里，我们通过战略性强制迫使"大舰队"不断地接近我们，这可能会产生在北海战场上不可能出现的军事影响。就像寻找良机一样，在双方力量对比中希望达到力量平衡也是可以理解的。尽管是另一种形式，但潜艇至少使之成为可能。

我们在战略进攻战中能取得多大的胜利这件事先搁置不谈。在挪威海岸和斯卡格拉克海峡深狭的水湾中发动像我们在北海上经历的水雷战是根本不可能的。我们本来可以避免一些潜艇的损失，但曾经在德意志湾水雷战中运用的水雷探测器在这里也派不上用场。本来在德意志湾也几乎发生不了大规模的水雷战，它能自我防御就够了。因为随着进攻战的进行，德意志湾逐渐丧失了其战略价值，没有人再对它感兴趣。它成了一个远远落后的轮船修理港。

在德意志湾我们本该把舰队运用于潜艇战之中。错误的作战计划使我们又一次失去了战争中用于对抗英国的舰队武器。它使我们不得不放下一个武器，只为了能够运用另一个武器。在进攻战中，这两者应该是相辅相成的。在与挪威的地理位置之间建立起来的联系中，舰队是可以在相当大程度上阻挡英国的潜艇防卫战的。不管人们把这个联系估计得有多夸张也都不过是纸上谈兵，这个联系本来是可以存在的。不过首先应该把两种作战武器都装备上。无论潜艇战有多大的价值，它也只能实现海上霸权的一部分而已。它能够摧毁别人的通商要道，但同时并不能保护自己的通商要道。它可以秘密地穿过封锁，却没有办法冲破它。从战略据点的角度来讲，只有舰队可以做到这些。那么当争夺大西洋之门的战争迫在眉睫的时候，潜艇战又能够取得什么样的胜利呢？

为了运用一个虚构的概念而身陷囹圄，虽然我们也让敌人挨饿了，但对于桌子上的面包却也求而不得。是那忽略了地缘关系的作战计划又一次阻挡了我们的脚步。

九　战略形势的心理学因素

我们还一再地思考心理学因素，是因为尽管呼声很高，训练有素的舰队仍然未能参战的这个谜团尚未解开。这场战役无论是发生在苏格兰，还是在霍夫登（Hoofden）海域或是英吉利海峡，人们在考虑的时候都会忽略战术上的优势，因此这场战役也不会打响。不论我们的战略观点是对是错，事实非常清楚，那就是比起赢得战争的胜利我们更相信这场战役本身，尽管如此我们也并没有赢得胜利。

对此比较普遍的解释也可谓众所周知，但人们并不满意。其实是因为他们并不清楚这个心理学问题，即为什么同一个军官团，出现过埃姆登式的领袖，获得过克罗尼尔（Coronell）战役的胜利，在马尔维纳斯群岛战役中牺牲过一个独一无二的伟大人物，然后在潜艇战中又提供了大量与巡洋舰舰长实力相当的潜艇指挥官，虽然军官官职有一些调动，但军官团在德意志湾突然完全转变了对舰队的态度，虽然只是部分军官有所调整。如果我们对这些事情寻根究底，比如曾经有一位叫舍尔（Reinhard Scheer）的海军上将，他的能力完全可以打破对他所有的怀疑，那么我们要问：为什么在日德兰海战两年之后他没有再参与其他的战役？为什么他没能继续1916年6月1日的战斗？为什么他在1916年8月没有在英吉利海岸发动战争？

舰队总指挥对此有着真实而有说服力的理由以及战术动机，然而这并不是最终起决定作用的理由。在他的灵魂深处本能地存在这样的情感或者想法，正如杰利科所判断的那样，用文字描述出来就是："'存在舰队'只会对敌人构成一定损害，并且鉴于目前的情况也存在风险与潜在效益之间的不匹配。"

当人们想象一场结果严酷但大获全胜的战役，就像我们的作战计划所要求的那样，那么这一本能的决定尤其具有说服力。一场大获全胜的战役会将所有的观念都放在首位，会导致新的战争决定，以获取那些在无战争状态下人们已经确定并且毫无争议地拥有的东西。没有人自愿这样做。人们还是表现出无论付出怎样的代价，无论在哪里都非常希望发起一场战役的样子。事实总是在最后一瞬间以强大的威力显露出来，那就是在北海战场上根本没有什么值得争取和决定的。

　　毫无疑问，如果看到舰队参与 1916 年 6 月 1 日争夺大西洋之门的战略据点的战争，以及看到运输舰在水面上来往穿梭的话，舍尔上将会不犹豫地把这场战争进行到底。不仅仅是舍尔上将应该明白这个道理，杰利科也应该明白。其原因应该从战略形势的心理学角度来分析。战役的目标现在才清晰可见。

　　因此我们可以发现，在面临不同的战略形势时，同样的动机可以诱发完全不同的结果。所有表面的战术原因都不是绝对的。它们早已经被该战略形势所反映出的心理学棱镜折射到了内心深处，并且以"摧枯拉朽"的势头直达指挥官的意识，然后引导他做出决定。

　　无论哪一种战略方式，对海上霸权的争夺或是战略进攻战，海岸保卫战或者是"存在舰队"，都有其自身的心理学因素，它本能地发挥着作用，并且在敌我之间相互影响着。

　　为了战略目标，在战略进攻战中舰队始终发挥着别具一格的冒险精神。这种战术考虑是"存在舰队"战术的一部分，因为它是凭借自身存在而非战役本身完成任务的。一支舰队就算是被迫成为"存在舰队"，也会本能地这样行动，而且也有理由这样做。战略方式的心理学因素是由内而发并本能地发挥作用，它比表面可见的愿望更强烈。这一心理因素也使我军无可争辩的闪耀一时的进攻才能蒙上阴影。在大西洋上的巡洋舰战争以及潜艇战中，它都不断地从存在舰队的心理学因素中凸显。从某种程度上说，北海战场上一场大的胜利可能会导致我们发起海上战略进攻战。在战争中没有什么是不可能的。

但最终我们不会为了拥有战略思维而去发动战争。战略思维是我们必须提前独立拥有的。这样一场伟大的胜利则是命运免费馈赠的礼物。不过正常发展的事物比不寻常事物出现的概率还是大很多。然而这一走向产生于"存在舰队"的心理学角度，它最有可能不必冒任何风险地给敌人以打击，但它无论如何也不会引起一场决战。交战双方都有同样的感受，因此杰利科上将也没有在德意志湾发起战役，只是驻兵在福斯湾以北。该形势的心理学原因决定着交战双方的思考和行动，它展现出以下问题的最深层原因，即为什么尽管我们有着各种愿望，却还是"没能发起战争"？为什么日德兰海战中双方都无法完全打败对方，但在这之前和之后却不再有这样的战役？[①]

所谓"北海战役"缺乏的正是战略目标。

从心理学角度来考虑，下面这句话是存在异议的：我们输掉战争，是因为我们并没有打过一场战役。但下面这句听起来自相矛盾的话似乎更贴切："我们输掉战争，因为我们一直在呼唤一场战役。"后者表达了我们错误的作战计划。

因为形势的心理学因素是作战计划的结果，而不是原因，所以我们重新站在了起点。打败仗的原因仅仅是"无知"，是因为对于海战的特征我们一无所知，并由此制订了错误的作战计划，进而产生了附属的心理学因素。如果我们当时熟悉战略，就会制订一个不同的作战计划，可借此改变我们和英国人在此形势下的心理。我们本应该有意识地把战略据点作为战争总方针的重点，而不是战役目标本身。并且我们本

---

① 日德兰海战是第一次世界大战中最大规模的一场海战，其结果很特别：从战术上来说，德国人员和战舰的损失都远少于英国，从而取得战术上的胜利；另一方面，英国舰队成功守住了北海的大部分制海权，德国突破北海封锁的战略失败，无法突袭英国东部海岸，自此在一战中德国海军不再与协约国正面交锋，只能以潜水艇攻击舰艇，后发展至无限制潜艇战，因此英国取得战略上的胜利。——译者注

应该马上发动战役。

　　如克劳塞维茨所言："战术是实现战略目的的手段。"

十　战略性进攻

　　现在我们再次来把湿三角的坚守行动与战略攻势进行一下对照。

　　我们在西线陷入僵局之后就不应该为了获得偶然的胜利而耽误时间，而是应该果断地穿过贝尔特海峡发动战略进攻。我们本来可以在 1914 年 11 月胜利进军。在这次进攻中，与通常的进攻和防御关系相反，交战双方的舰队之间建立了紧密联系。它们像磁铁一样相互吸引。我们是整个战略局面的掌控者，施加着战略压力，并支配着行动准则。交战都发生在 1914 年至 1915 年的冬天，漫漫长夜给我方鱼雷艇带来了最佳机会。由于增加了四艘新的战列舰，相对来说，我方舰队在那时是最强舰队。正如我们所设想的那样，所有局势在战术上都非常有利。上述出现的许多绝佳机会弥补了战争打响的头几周我们错失掉的机遇。不过没有人愿意过多谈及此事。

　　进攻战原本可以从根本上改变整个战况甚至完全反转局势。进攻战的影响也扩展到了大西洋战场，并有可能为当时正在合恩角征战的施佩伯爵减轻压力。也许如果英国没有派战列巡洋舰，而只是派旧时装甲巡洋舰去迎战，德国在马尔维纳斯岛战役中或许会赢得胜利。

第四章
战略任务

一 马恩河战役

我们从战略开始讨论，到战术的运用，再到北海战场的海战战略，已经达到了一定的高度。从这个高度看过去，所有的细节都在眼前消失，只有整个战争的主流呈现在眼前。

我们一开始把英国视为劲敌，他们处在占优势的地理位置，为了获得制海权使地球上的所有人都俯首称臣。而在另一边，德国正要接受这场战斗。然后德国开始利用陆军争夺太平洋上的战略据点。这场战争不是针对以陆军强国自居的法国，旨在夺取战略据点。从这当中可以看到，我们的陆军和海军都没有各自的作战计划，只有一个放之四海而皆准的总计划。

世界大战中的海军战略：德国公海舰队的悲剧

在军队越过国界时，德意志湾的僵持状态就结束了，战略据点开始变化。整个德意志民族有一个海洋战略进攻的计划，而舰队的防御作战计划早在舰队主帅制订出来之前就已经落后了。在战争指挥中并没有人发现海军把作战计划完全拿走并进行了修正。

这场争夺法国在太平洋上的战略据点的战争不是利用舰队，而是为了舰队分出胜负。舰队扮演了看客的角色。因为一片死寂的北海之上的战略准则依然适用于他们。这个决定已经尘埃落定。

然后就发生了马恩河战役，以及西线的僵持局面。现在我们看到这场战争转到陆地上再次发生，并且看到它蔓延至陆战所能涉及的所有山川河流。德意志民族现在放弃与英国人发生战争，海战也不再发生。我们并不仅仅只是一支舰队实施海上战略防御，而是整体上都实施了这一政策。正因为如此，英国才赢得了压倒性的强大政治声望，所有的其他民族臣服于其声望。在我们避开海洋的时候就开始了一场持久战。我们像当年的拿破仑那样，希望彻底在陆地上打败英国，因为拿破仑法国尽管有着优越的战略据点，却没有舰队。然而我们德国有一支舰队。但战争指挥部显然并没有看到：陆军再次给海军舰队强行规定了行动计划，并在这场战争中给海军舰队分配了角色。陆军也并不知道，它所制订的这个防御作战计划断了海军舰队的后路。不过站在整个作战计划的高度来看，我们能明白：战争的陆地化演变其实意味着放弃了与英国的战争。海上战线和西线一样陷入了僵局。舰队所有已完成和未完成的行动都失去了意义。因为对抗英国的进攻战已经结束。舰队的所有作战行动，包括日德兰海战在内，都像西线的阵地战和防御战一样是纯粹的战术行动。潜艇作为一种新型武器开辟了一种新的作战方式，隐藏了对英国进行战略防御的事实。舰队只是打着海上战线防御的幌子保护着波罗的海。

海上战略防御作战计划规定了这一切。

海军在作战途中频频从外面审视祖国，比在帝国里的其他任何地方都看得深远。他们非常明白：英国是德国的敌人，海战是首要大事。无论看得多远，他们也无法得出这样的战略设想，即战争指挥要以海洋为基础，整个战争要以海战的方式进行，数以百万计的陆军的作战任务在空间上很广泛，却没有把海战武器放到重中之重的位置上重要。

如果通往布雷斯特的路被封锁，那么就必须向北进军。

考验战争指挥智慧的艰巨任务是：把陆军从陆地战中强行拉出来，并将其重新拉回到海战的战争轨道中。从这里看一切都是未知，战争指挥部批准了封锁通往丹麦的贝尔特海峡。这一战术和坚信北海上的决战才能决定战争胜负的观点独自掌控着这片战场。

从这个视角出发，我们观察到：舰队的战略进攻和坚守在德意志湾的问题与全面战争的洪流紧密绞合在一起。只有从整体战略的高度才能看到：一旦西线进攻无望，就必须专注于丹麦—挪威一线。

无论是涉及与丹麦的政治谈判困境还是陆军应该从哪里撤军的问题，在这个重要问题面前全都黯然失色。

如果明白了这一点，这两个问题也就迎刃而解了。

只有具备战略眼光的人才能识别到：在僵持的西线中出现了转辙器的杠杆。我们只需要将这个杠杆放下，战车就会转移到通向北方的另一条铁轨上，朝着同样的目标前进，即对英海战。

只具有战术的眼光是看不见这一杠杆的。因此马恩河战役成了命运的转折点。

二　结论

我们已经看到，整个战争的陆地化转变也给舰队分配了战争中的防御任务。就是这个总作战计划把我们的舰队像锁在笼子般封锁在了北海，而英国人成了看门人。我们的陆地总作战计划扼杀了自己的舰队，并且使其在地缘上不能施展影响。海军的意图也不再是整个战争的主流。

但是这个防御战转化为持久战的状态并且没有办法摆脱的原因是总司令部的指挥官没有认识到海战的二元性以及舰队在战争中的任务，并且他们给在北海上本不存在的纯战术赋予了太多意义。舰队在整个战争期间始终处于了无生气的北海战场的规则之下，从来没有哪怕那么一瞬间掌握过帝国的命运，尽管这整个战争都是海战。

所有在战争中暴露出来的矛盾都源于现实和与现实相矛盾的战略防御作战计划之间的对立。在战略进攻战中有一条清晰的线，存在于海战的推进过程中。我们在为和平所做的所有忠诚的工作中对于舰队的期待都存在于马恩河战役之后挺进贝尔特海峡的进攻战中。

如果我们想要研究对于舰队的长时间停止行动保持沉默会对其战术行动产生什么样的影响的话，就超出了工作的范畴。在挪威以及在丹麦水域，舰队不那么容易像在德意志海湾一样被监视和通报。如果我们能够禁止那些从挪威出发越过斯堪的纳维亚半岛穿过北冰洋的物资运输和补给，那么占领贝尔特海峡会对波罗的海战产生什么样的影响，又会对与俄国的陆战产生怎样的反作用呢？现在这个影响已经扩展到了海洋上。如果中立国在挪威看到我们与英国发生战争，它们会不会无条件听从英国的指挥，并且为它们的船只预留出空间？它们会不会对英国打破中立的行为表示默许，然后强烈反对或不赞成潜艇战？面对这场激烈的海战，美国会怎么做，会干脆置之不理吗？假如战争的好运稍微青睐我们一点，我们又会赢得怎样的声望和政治影响力呢？更不用提对我国内政的影响了。至少舰队已经不再是政治宣传的对象了。

所有的这些问题如今仍难以解决。不过，为了搞清楚舰队在战略进攻的时候有哪些可能性，至少要对这些问题有所提及。

在德意志湾一切都被切断，什么都没有，因为我们的舰队被封锁在那里。

只凭借优越的战略据点是无法获得战争的胜利的，只依靠舰队也不能。这两者休戚相关。现在有了舰队，接下来战争中最紧急的任务就是占领战略据点。我们的舰队在北海上相当于没有骏马的骑手。我们必须为它们筑起地缘的马鞍，这样它们就又能驰骋沙场了。

三　战略任务

正如战役本身并不是目的，而是为了服务于战略，战略本身也不是目的，战略也要服从于更高的目标，即亟待完成的战争任务。

就之前的考虑来看，这个战略任务既特别又很基础，因此非常有必要在最后用总结的话来描述它：英国的战略任务是把我们赶出大西洋，并加以封锁；我们的任务是不管在哪都要打破这一封锁，并且开辟一条通往大西洋的道路。

从我方舰队战略任务的视角看，自北方的封锁线向北海眺望，一切会直观地呈现在我们眼前，即我们位于最深最远的角落（湿三角）里的舰队无论是否作为都无关紧要，以及为什么从赫尔戈兰岛的战略据点出发，在这片了无生气的水域发生的日德兰海战没有产生任何影响。如果不存在战略任务，那么也不可能通过战争来完成任务。

同样清楚的是，为什么在进攻战中就算是夺下丹麦的战略据点还是不够，因为从这里出发仍然不能突破封锁。挪威的位置要好一些。英国无法继续把封锁线设置在设得兰—挪威一线，必须要把封锁线向回迁，基本上设在设得兰—法罗群岛一线。这条封锁线比较松散。清新的海风从远方吹到粮食禁运封锁线的污浊空气里。此外这条线对于英国来说难以守卫。因为它离我们的军事基地相对较近，但是首先，我们在地缘位置上向北大大地超过了英国的战略据点。

不过只有当我们能够越过北海，并且争夺大西洋之门的战争有利于我们的时候，才能完全突破封锁。然后我们就能完全打开物资运输的道路，并保护我们的通商要道。这是舰队存在的目的。从这里可以看出，对我们来说，争夺封锁区、争夺海上自由和争夺对我们来说生死攸关的通商要道别无二致。因为最后一个作为终极智慧的古老而永恒的事实会清晰地呈现在我们面前：海战就是一场争夺制海权的战争，谁拥有了通商要道，谁就拥有了制海权。在大西洋上以及所有的入海口，从地理位置来看，只有这里才有可能发生战争。

非此即空

在这两者的矛盾之下，海军把总作战计划奉为圭臬，同时也作用在这个矛盾关系之中。这个矛盾关系中不存在平衡点，而只是很清楚的"要么这个，要么那个"的非此即彼关系，在此关系中做出决定就不再是海军职责范围内的事情了，而是战争总指挥的事情。战争总指挥决定整个战争的走势，为所有部门设定目标和任务，包括政界、陆军和海军。在马恩河战役之后，问题已经不再是"我们是否应该先战胜俄国，再战胜法国？"先战胜谁的问题上根本就没有人问到英国，英国完全被遗忘了，问题则变成了："和英国的海战应该在水下还是在水面上进行？我们是否应该重新通过法国隧道和大西洋海港与国外建立联系呢？或者我们是否应该在苏格兰附近冲破封锁呢？"

与俄国的战役在我们看来又是怎样的呢？如果我们的海上总作战计划能够把战场形势考虑在内，并且把不惜一切代价击败英国视为目标，把冲破英军封锁当成下一个共同目标的话，那么奥地利、巴尔干半岛等所有支持"从柏林到巴格达"的国家会对我们持怎样的态度呢？

战争各个阶段重大的政治战略决策都可与针对英国的总作战计划相提并论。剩下的就是战术了。

这里涉及的是重大转折以及整个战争的决定性问题，即"海战还是陆战"的问题，或者说："应该通过武器的选择还是喊着'坚持到底'的口号把这场持久战一直打下去吗？"

今天我们面临着这样的事实：帝国在领导整个战争的过程中既不明白这场战争是一场海战，所有的决策都应该以海洋为基准，也不知道一场海战意味着什么，且没有找到可以派遣舰队的理由。

我们真的没有弄懂海洋，所有人都没有弄懂。

＊　＊　＊

对于决定投入使用舰队的问题可以用以下概括性的内容来回答。

它不是舰队主帅在战争伊始接到的作战计划的执

行问题，而是整个国家总作战计划的问题。

它不是战术的问题，而是重大战略问题。

它的答案不应该在旗舰的指挥舰楼上寻找，而应该在总司令部寻找。

第五章

海军的和平任务

历史学家只需判定真伪就够了。但这种判定对于我们这种探求根源的人而言是不够的。

我们想要知道更多的东西。我们可以看到,上帝也察觉不到它要毁掉的人。但是我们想要知道,是什么让我们变得盲目以及为什么我们一直如此盲目。

我们不能忽略异乎寻常的一个现象,那便是我们在大战当中并未将海战理论——这个刚刚让我们弄清了战略形势的工具——用于分析自己所处的局势。

我们早就知道,实际上除了争夺海路①之外,这

---

① 海路是为贸易战争服务,或是出于保护自身贸易的目的,是像日俄战争中那般用于输送军队,抑或是单纯出于政治扩张之目的,这些都取决于交战的对手。与英国这一工业国作战的同时,任何一场争夺海路的战争都被迫变成了贸易战和经济战。

场海战别无其他目的。然而在战争中，这种认识却被另一种战争设想所取代，即把这场战争看作一场夺取商路的斗争。一旦作为工具的军舰切断了敌方的商路，那么我们就能在海战中胁迫敌方。而实际上，我们也确实把潜艇派去守卫通商要道。然而，当我们认识到，作为工具的军舰已将英军逼迫出海时，我们却并没有将夺取商路当作大战的任务，而是将北海战役作为部署和计划的中心。

十分奇怪的不仅是我们在这种地理形势下采取了整体的战略防守、战术进攻的作战计划，同样奇怪的还有，哪怕残酷的现实每天在告诉我们，从德意志湾派出的军舰无法取得更大进展之时，我们仍然将这一计划执行到了战争结束。我们在分析时要考虑的另一个重要问题是，我们到底是如何做到一厢情愿地相信这场"战役"的存在，并从未对它的目的产生任何质疑，而仅仅关心我们的军舰是否、如何、在何时何地能作战成功以及我们能取得多大的胜利。

因此，我们下一步就是要调查海军的和平任务。

一　北海防御战

要解释为何采取战略性防守很简单。它源自对自身处于劣势地位的感知。在我们的舰队的确处于弱势之际，这点自是理所应当的。奇怪的是，当我们的舰队强大之后，这种劣势感仍未消失。

这是各方面原因共同作用的结果。

1. 最先也是最重要的原因是我们的风险理论。由海军元帅冯·提尔皮茨的《回忆录》可知，我们的这一风险理论也在形式上上升到了战争方针层面。根据战争方针，我们要组建的并非一支强大到足以对英军产生进攻威胁的军舰，但它确实得强大到让有巨大优势的英国军舰认为与我们交锋存在一定的风险。最佳的战绩应该是在海洋战役中进行北海防御战。在这点上，一场防御战指的是它在政策上采取防守姿态，而战术上拥有交战的意愿。①

政治上对外宣传的与随后真正施行的，往往是两

---

① Alfred von Tirpitz, Erinnerungen (Leipzig: Verlag K. F. Koehler, 1919), S. 105 – 106.

回事。然而我们却在这场战争中将这种政治上的伪善之词付诸实践。

证据如下。（1）在基于力量关系而将在北海海域实施进攻战还是防御战进行对比权衡后，这种伪善便从政治领域蔓延至战略层面。我们的战略根本不考虑战争形势如何，也不考虑我们在政策上采取的是进攻战还是防御战。我们的作战计划仅与战略据点有关。也就是说，考虑到德意志湾的形势，我们无论在什么情况下都只能采取战略性防守。

（2）将北海保卫战与战术上的交战意愿搭配在一起的不过是源于一句经院式的流行表达："战略防守，战术进攻。"防守型的作战计划加上战役"自体"——这就是我们的战争计划。

海军创始理念缺失，这是关键，即每场海战的任务是争夺制海权，还是争夺海上道路？这是海战理论的基本出发点，是其基本定理。取代这种理念的是在北海进行一场由虚构战役构成的防御战的构想。所以，我们的战争指挥者也缺乏对战略据点这一概念的正确认识。我们从未妄图在大西洋上夺取什么，然而在战争中保护工商业在大西洋的海外联系从过去直到现在都是我们组建海军的唯一目的。[①]

2. 我们的舰队以德国人特有的缜密进行了战术研究，其研究结果也支持上述风险理论。所有的研究调查都关注一个问题——如果不考虑意外状况的话，一支装备落后的军舰如何能战胜比它强大的舰队。所以，我们的研究调查从一开始便注定无法得出结果。这一不理想的研究结论使我们感到自卑，另外还导致我们在德意志湾坚持实行封锁计划。鉴于我方自身的力量弱势，防守策略或者说北海防御战看起来便是适当策略。

3. 我们的小口径火炮在同一个方向上发挥了一定作用。但即便我们知道，我们的小口径火炮能和

---

① 与此相关的是威廉二世在 1908 年与查尔斯·哈丁爵士（Sir Charles Hardinge）的谈话（Tirpitz, Dokumente）。哈丁爵士提及对军舰建设的担忧。

威廉二世："我们需要一支舰队来保卫我们迅速发展的贸易。"

哈丁："但是它一直停留在基尔、威廉港或是北海。"

威廉二世："因为我们没有加煤港，所以那就是我们的基地。我们没有直布罗陀，也没有马耳他。"

在由威廉二世亲笔写下的谈话记录中并没有什么让人印象深刻之处。然而哈丁爵士却通过下面的话强调了他的观点："在您的赫尔戈兰基地里没有什么可保护的贸易。"而威廉二世提及直布罗陀和马耳他则暗指了在战略地理据点上所犯的错。英国人在战争爆发前就向我们声称，在战役最高目标下的北海海域的防御战并不以军舰建设为目标。

英军的重型火炮发挥同样的威力，我们在大炮和导弹上的优势充其量也只能弥补我方在船只力量对比上的劣势。无论如何，我们都无法找回 1914 年 8 月时所表现出的那番优势。这也是我们产生自卑感的原因。

在军事上，尽可能地实现部队最强化是一种正当的需求，因为这符合力量集中原则。

在陆战当中，统帅在制订策略时均把部队力量集中在战术上最重要的位置。而在海洋上并没有军队的战术位置这一概念，也不可能将所有船只安置在同一点上。人们所说的海洋战术位置不过是一个表面现象。因此，力量在根本上集中于军舰本身。这点就等同于在建设大战舰以及在战役爆发时必须进一步增强战舰力量的战术计划。如果放弃了这一战术计划，那么就相当于陆战统帅自愿放弃将力量集中于最重要的战地。

如果我们曾经意识到我方炮兵部队之出色，那么就可能会发现，如果我方采用强力火炮的话便会取得明显的力量优势。如此一来，我们便可能因为这种战略而产生一定程度的优越感，从而开始思考战术和战役的战略目的。

　　然而，尽管我们舰队的战斗力会随着更强的口径和技术优势而增长，但决定性弱点并不在于物质，而在于心理层面，因为口径的比较充当了战术研究和推测双方战斗力的基础。

　　由此我们也可得到一个教训——在新建（战队）时要考虑心理因素。无论一种心态是怎么产生的，也无论它的产生是否合理，在它生成之后都不重要了。因为无论这种心态正确与否，它在之后的战争中都会发挥重要的作用。

　　4. 海军的军事演习和陆上演习是一样的。一旦蓝方迎来一场具有优势的战役，那么它便抛弃军事演习中的经验。我们本该将这种经验直接转化成作战计划，规定只有在恢复敌我双方的力量平衡后才能参战。

　　这种军事演习的后果又让我们感到自卑。这种自卑感蔓延扩张，成为滋生防御感的土壤。在危机感指挥下的军事部分——基于力量关系所实行的北海防御战，与海军的水面工作完全不一致。

二　战术上臆想的参战意愿

　　海军执行和平任务时的工作思路与其在德意志湾

的劣势感紧密相关，还妨碍了战争指挥者进行正确的战略部署。如果我们去分析其思路，便会发现根本没有任何理由能够解释，他们为何能将这场海洋战役中一切努力的最终目标都看作纯粹的军事目标。

所有海军在演习和演练时都仅仅将为战役做准备视为一切行动的终极目标，却未曾考虑过基础的战略问题。

如此一来，战役像是所有战略策划的目标。我方并没有意识到，所有导致战役的行动，只是一场战术上通往战役的进军。我们更没有意识到，战略是远远超然于战役的。战术是实现战略目标的手段，然而我们的战争领导人却未曾意识到这一点，他们完全将战略作为实现战役目标的手段。

我们的海军封锁了敌军的海岸线（雅茅斯和哈特尔浦港口一带），却并不想从敌军的海岸一带夺取什么——实际上那里确实没什么值得夺取的东西，只是仅仅将此当作发起战役的方式而已。如果考虑到战争初期军事运输无法通过海峡的话，那么一些问题，如海上武装力量通过有多大的可能的问题，还有，在英吉利海峡上，就规模大小而言，约需要六艘潜艇的作战行动是否与作战目的相一致的问题，便没有什么思考价值了。我们只是想通过向对方施加一些压力来使自己的海上运输顺利进行，除非感受到了对方的威胁，否则不会发起战争。就最根本而言，战争永远都只是一个手段，绝无可能是目的本身。

我们参与这次作战并非想争夺制海权，而仅仅将行为限制在战役层面。因为这场战役与战争任务相一致，所以我们期待通过这场战役来获取那些本来只能在海洋战争中凭借海洋控制手段所能得到的，军事上、政治上乃至道德层面的成就。

从 20 年前开始，我们所有的军事和管理行为都是以战役作为目的。①

对这点必须要说明的是，我们所提的这个战役指的自然是关键性战役。

从下文所示的双方对比中，所有人都能轻易发现，我们是如何执着于对战役含义的这种理解，如何确信在这种理解下英军必然具有进攻意图和作战意愿，以及我们做这份工作时是如何的情绪化。

从英军的立场出发，我们觉得杰里科在赫尔戈兰

---

① Alfred von Tirpitz, Erinnerungen（Leipzig：Verlag K. F. Koehler，1919），S. 311.

岛的炮台下没有强行发起任何战役这一做法十分明智。我们从"大舰队"那里察觉到它充当了封锁战略的守卫者的角色，然后很配合地默许英国人部署其战略战术——换言之，除非战略上要求，否则我们根本就没有任何作战的意愿。

但我们现在来看看自己这一方：我们从德意志湾出发便立刻把目光投向了西北方向，而且除了上面所提及的以外，别无其他对战略局面的敏锐洞察。我们向英军做出的妥协恰好是我们自己想实行的，这使战争一触即发。我们也能实行战略防守的作战计划的感觉意识被彻底打消了。恰恰相反，这种战略上的权衡阻碍了我们的正确感知。一般人离开房间的正确方式是打开门而不是用头撞破墙。而我们要意识到这一点还需要克服一定的障碍。

风险理论导致的战术上的参战意愿主导了我们的想法。但是这种想法从何而来？对此我们还需要进一步研究。

三　关键

我们得先考虑一个问题：在海洋战争中是否存在

"战役是一切努力的终极目标，除了战役以外别无所求"这样一种特殊情况呢？

实际上的确是存在这种例外的。这便是纯粹地保护海岸线的情况。

那些在狭小的海防领域按兵不动的海军海岸防护部队并不需要什么战略。战略据点、争夺海上商路这些东西超出了他们的能力范围，因而也是不需要他们考虑的。由于不需要考虑战略据点，所以作战计划又再次被自身的弱点所掣肘，不得不维持战略防守。一支不适航的舰队即便有绝佳的战略据点也不能做什么。有效的仅仅是其自身位置的战术价值。在这种情况下，主动权掌握在敌军手中。因而我们一直毫不动摇地相信敌方具有进攻意图，而这一观点完全成了引发战争的必要前提。另外，在敌人进攻海岸的情况下，参加战役又是正确的决定，战役成了工具。因为它决定了敌人是否会放弃对我方海岸的进攻。战役是所有谋略和所有战略的落脚点，除了战役外一无所有，因为我们不可能夺取制海权。所有的一切都变成了战术和纯粹的军事行动。在此，我们以前觉得矛盾的一切都获得了生机和颜色。如同区分进攻战和防御战一样，这种"具有决定性的军舰投入"同样具有鲜活的意义。

正因如此，我们把作战计划与海军实力联系在一起。我们的战略防守作战计划便意味着战略进攻。也正是出于这个原因，我方海军的重心转移到了北海以及威廉港的扩建上。

所以，我们将北海海岸严密地防守起来，将根本没有战略价值的"岩石"——赫尔戈兰岛列为防卫的首要对象。所以才有了我们那永恒的封锁计划。

这也解释了"大舰队"具有"压倒性"优势这一观点是从何而来的。如果说从"防御战"这一说法当中便可看出我方对自身劣势的认同，那么这一劣势感便是在持续的防守演练中以一种从心理学角度而言十分有效的方式得到了强化。

我们步入了一个恶性循环之中：海军实行封锁是因为英国人占有优势，而正因为施行了封锁，我们使得英国人更占据优势。因为我们长期坚持防御战，所以在我们看来，英国的舰队也和我们的舰队一样在壮大。我方舰队日渐实力壮大是我们明显可以感知的。那么"大舰队"的实力必定极其强大，才能无条件地迫使我方落入防守的境地。

海岸防御战已经影响了我们舰船型号的决定、舰队组成、海战指挥和战争观。即便是纯粹的战术和我方军舰的部署及组织也受到了它的影响。这也在一定程度上解释了我们为什么没能认识到英军的"快艇支队"作为侦查力量的意图，以及随后的日德兰海战的战术过程。

因此，我们才制订了纯粹的军事战术计划。也是出于这个原因，我们对争夺商路毫无兴趣。

如今我们也能明白，为什么我们会如此相信战役的作用，把战役同海洋战争等同起来。因为在海岸线保卫战中，战役决定了海洋战争，所以我们如此相信它，把它看成一切战略的落脚点。尽管我们并没有意识到，但实际上，无论我们身处什么地方，无论是在战争中还是在军事演习中，我们都在心中牢记着狭小的德意志湾的战略情况。

"战略防守＝战术进攻"是海岸线保卫战领域的公式。但这一公式在考虑战略据点和争夺商路之战的战略领域并不适用。

我们完全陷在卡普里维时代（Caprivische Ära）的海岸线保卫战这一想法当中停滞不前，[①] 完全没有

---

① 见第一章第 2 页注释①。

看到，是本来拥有逐渐强大的适航军舰的我们自己叫停了这场海岸战役。因此，德意志湾失去了它的战术价值，必须根据其战略内容来评判。

从一支弱小的海军演化为一支强大的舰队不是通过将海防线往外推出一臂长来实现的。这一臂距离被我们称作"远离海岸线"，或是通过"公海舰队"这一名字象征性地体现出来。这种演化是更为理智的，是一种将海战从战术层面推进到战略层面的演化。

这种对立是一种更加深刻的对立，在双方之间没有架起互通的桥梁。它是"二择一"的对立。

一些观念总是能统治这个世界。在我们眼前就有一个先例，它证明了一支具有强大战斗力的军舰是如何受到观点的左右沦为海岸线海军的。反过来看，在海军物资匮乏的今天，有一些观点认为国家海军再艰难也应保留海岸部队，并且赋予其作为一支面向未来的传统舰队的崇高价值。这些观点是弥足珍贵的。

那些对于一支海军的诞生能起到重要影响的观念具有巨大的力量。

我们已经看到，当那些未被认识到的残酷现实与主导观点发生冲突时会产生哪些不确定性。因为当人们将一支适航的军舰固定在一个基地，固定在一个只有海岸部队能落脚的地点之时，会产生无法解决的矛盾。如果人们将海岸防卫海军的"战略防御＝战术进攻"的作战计划强加给这支军舰，力量与作战能力之间的不平衡就变得十分明显。

四　结果

正如我们所看到的那样，那些浮出水面的风险理论连同其背后的心理学原因构成了我方海军发展的主题，也为其全部的工作确定了方向和目标。

海军并没有意识到，它是在防御战的理念之下发展、确定其军舰型号，参与演练和作战的。防御战的理念让我们所有人变得盲目和保守。

因此，若在战争的危急时刻，一支将防御战当作北海战场上可实现的最高战略目标的海军采取防御战，也是完全说得通的。

北海防御战采取了海岸防御战的形式，但这是战术层面的。

然而，即便是海岸防御战也有其战略基础，它的基础就是防御。但是，在海洋战争中，如果在战略上自由选择战略进攻和防守，甚至根据地理形势的要求在两者间切换的话，那么防守便是海岸保卫战中最固定不变的基础。这是从一开始便既定的，也是不可动摇的。因而它被认为是不容变更的，是无意识地在发挥作用。只有战术在起着作用。

我们的战术基础便是如此形成的。①

1919 年 6 月，德国公海舰队在斯卡帕湾自沉，从此从海上永远消逝了，这场悲剧使得斯卡帕湾对我们具有深刻的象征意义。舰队在自沉于大西洋门户之际，仿佛仍想提醒我们，我们到底欠缺了什么；仿佛仍想通过它的自沉告诫我们，自有海战历史以来，没有任何一支海洋力量、没有任何一艘军舰能仅仅凭借基于防御战的战术意志来进行决战，我们必须将争夺制海权作为海战的行动标准。

这些思想有着生动的形式和内容，理解这些思想

---

① 我方的思想态度说明，海军演练及演习在澄清海洋战争的基本理念方面是多么无力，因为黄色政党在无意识的情况下执行着德意志的理念。这一类的作战演习永远只能证明，当双方都拥有参战的战术意愿时，很快会引发一场战役。但在此完全没有考虑过参战的战术意愿是否符合地理条件这一问题。人们永远都只是确保自己这方会参战而已。

的人，就能从我们英勇的军舰埋葬于大西洋门户的教
训中读出对未来满心雀跃的格言：

死亡与新生。

第六章

战略意志

若有人认为英国人对我们的战略状况了如指掌，那就太瞧得起他们了。显然，事实情况并非如此，不然他们就不会在细节上犯不少错误了。不过，尽管存在许多有据可考的错误，英国人在战略直觉上是正确的。通过几百年的传统，英国人已经将海洋带入他们的血液里，就像陆地之于我们。

地球上所有事物的成长都源于经验。一支海军舰队也是从海战中成长起来的。我们组建了一支舰队并在训练场对其进行卓越的军事训练。在日德兰海战中成为敌军突出火力中"曲折战线的转折点"，只是一种在波茨坦的军事训练场找到攻击对象的形式战术。尽管这支舰队能力卓著，但仍是海滨舰队。这场败战表明，这支新舰队是在前人的经验中创建的，并延续了之前的传统。旧舰队通过赫尔戈兰群岛的军事训练基地——出于防御战的考虑而被移至北海——的栅栏无法看到外面。如果有机会，他们应该看一看：在我们的舰队从海岸防御成长为主力舰的过程中，舰队数量成倍增长，将舰队封锁在寂静一隅的思想已经过时。这样我们就不会把"战略防御与战术进攻"计划看作必然，而是会仔细研究该作战计划究竟意味着什么。

如果我们现在已经意识到战场上"战略意志"是所有海战的智力基础的话，我们就不能只是默默接受这一新术语，而是应该深入研究一下"战略意志"的深层含义。

接下来的任务就是探讨"战略意志"这个概念的具体内容。

一　战略意志与海洋权力

如果我们来观察俄国前黑海舰队，就能看出：它控制着黑海之上的海洋权力，却无法将其权力扩展到地中海，因为它缺乏能发挥战略作用的战略位置。

海洋权力是两大要素的产物：海军舰队与战略位置。二者结合才形成海洋权力，此谓"二元论"。在海战中，二者同样重要。海战无非就是海军力量的展现——劈头盖脸的重拳出击。

其中，舰队是战术和技术因素，战略位置则是地理因素。互不相关的两者之间需要一个连接点，即"战略意志"——战略意志在战略作战计划中将舰队引入战略位置里去。

只有战略意志能为舰队注入生命。如果没有进攻精神是无法做到这一点的，因为进攻精神只是战术因素，就如同会战纯粹是海战战术的派生物，并不是海战本身。谋求海洋权力的海战同样是由这两个要素组成的。

如果我们赢得了马恩河战役，并将海军舰队驻扎在布雷斯特，那么，就会自然而然醒悟过来进行海战。不过决定是否发起会战与这个情况是不一样的，在这一点上，我们没法通过自我意识来发展战略意志。

对战略意志的激励无论在和平时期还是战争中都不曾缺席。

举几个例子。

德意志湾中毫无希望的战略位置就是最有说服力的例子。因为严格意义上来说，德国根本无法在死海一般的北海之上发起与英国舰队的交锋。北海上的行动计划仅仅向敌人表明"我们在那"而已。唯一可能对英国造成威胁的是，德国舰队突然在某一瞬间觉醒了，经由贝尔特海峡北上，从而走上战略进攻的道路。

若不是和平时期海军司令部仅仅因为防御战的观点就把注意力都集中到湿三角，那么，在英国对我们的敌意逐渐增强但还未开战之时，海军司令部应该可以从英国舰队将重点转向苏格兰和对罗塞斯港的扩建中，觉察出英军对抗我们的整体作战计划。

此外我们意识到，公海舰队每年前往挪威的游弋任务引起了英国对我们的怀疑。不列颠人像审视自己一样审视我们，并在战略部署中坚信，海军可以在"休养旅行"的伪装下对挪威的航道进行了解，并且为争夺大西洋门户之战寻找必要的战略据点。

因此有了战争伊始英国船只夜晚神秘地在挪威海岸互相射击的传言。这种流言传来时，我们只是笑笑。"在我们的教育训练里是不可能发生这种事的。如果那样的话，我们会落得什么下场？"

然而，英国人是如何推测出我们在挪威海岸的，这个战略性问题压根没人提。

英国人对我们挪威之行的紧张感在战前就已泄露了他们对我们的作战预期。

尤其引人注意的是，与日德兰海战造成的印象不同，格拉夫·施佩战役（Graf Spee Sieg）在科罗内尔（Coronell）造成了极深的烙印。埃姆登和海鸥号巡洋舰[①]等战舰引发的紧张感，使得英国想要建立一个相对较大的机构，以摧毁弱小的武装力量。战争指挥部并未料到这一点。

因为海洋权力要靠船只和战略据点，通商要道上的战略据点即使仅由零星的几只油船组成，也是重要的海洋权力，英国会不惜一切代价争夺它。尽管日德兰海战令英国颜面尽失，但它不是对海洋权力的争夺。既然日德兰海战没有意图谋求海洋权力的第二因素——战略据点，那么也谈不上"颜面尽失"。

这个情况已经很清楚了，否则就无法解释以下矛盾：和平时期英国千方百计地阻挠一支舰队的建设，战争期间却未能与其交锋。那是由于德国舰队毫无危险，因为领导者缺乏战略意志。我们的公海舰队因此

---

① 海鸥号是第二帝国时期的辅助巡洋舰。1916~1917 年它在大西洋的两次巡航中一共捕获了 39 艘英美商船，并将之沉没。英美就干脆将它作为"巡洋舰战役"的代名词。——译者注

沦为英国人的临时战术对象。

英国舰队不是为了打击德国舰队而存在的，而是为了获得和维持对海洋的控制。①

或许我们看到了这一切，却做出了错误的判断。在北海的防御战中我们一直觊觎着西北。

甚至连战争的残酷现实都没能改变我们的海战策略，没能改变我们不参与争夺海洋权力的战略意愿，没能使我们的海军觉醒。

我们的舰队还没来得及觉醒，就已夭折。

二　世界政策（Weltpolitik）与海洋权力

一个工业和经济都依赖海上进出口贸易的国家，无论它愿意与否，都会成为世界政治的一员。政策是一个国家力量的表现，广义上来说，在面临重大危机之时与国家的军事力量具有同等重要性。如今这些国家都作为整体参战，整个国家都为了战争而组织起来，整体变成了军事力量。陆地政策取决于陆上力

---

① The Sea Power of Germany and the Teaching of Mahan by Brevet Lieutenant-colonel Beadon.

量，世界政策则依赖于海洋权力。因为在海上无法依靠陆军来实现政治意图。世界政策直接受制于海洋权力以及海洋权力特有的一些属性。海洋权力则依赖于海军工作地——战略据点，因此具有不稳定性。当一支陆军的政治重点始终稳定时，海军就会竭尽全力攻打一个国家。战略据点处于劣势时攻打另一个国家收效甚微。即使同一支舰队，根据其战略据点的重要与否，其海洋权力也有强弱之分。与之相符的还有其影响的世界政策的重心。

与英国不同，由于战略据点极其恶劣，我们的海洋权力与世界政策的影响力均为零。因此我们对战争中立的政策影响力也微乎其微。

但英国还是将我军舰队视为不断增长的海洋权力的组成部分，认为这种海洋权力在未来会对德国航海及海上自由提出要求。

这种关系在我们的战术考虑中并不明朗，因为我们已经将海洋权力的组成部分——海军舰队——视作一个整体。因此我们也没有意识到丘吉尔扔给我们的"豪华舰队"一词所包含的讽刺意味。原话很直白："就凭你们的舰队，还算不上海洋权力，你们的世界政策更是立不住脚。"

拥有四百年海战史的英国人明白且能够切身体验到什么叫海洋权力。我们则是由可怕的舰队发明了这个词。世纪之交以来，帝国将海外政治完全建立在这一基础之上，并为之战斗。

三 世界政策与海洋权力目标

海战史中很少提到战略问题，这是有原因的。因为大多数情况下交战双方战略据点的重要性势均力敌，所以都进行防御而非进攻。但是在具有明显的进攻作战计划的战争中，英国就不像在世界大战中那样正面对抗我们了，而是伪装成联盟的形式（在地中海的尼尔森战役中，其与那不勒斯结成同盟），或者伪装成达到陆战目的的手段，比如在日俄战争中占领朝鲜。

和平谈判中对海洋战略的讨论尤为激烈，然而其结果不再反映在海战的军事描述中，因为和平即意味着战争的结束。英国的整个海战史及其最终的和平其实就是一个了不起的进攻型海洋战略。几个世纪以来，英国的世界政策就是进攻型海洋战略，表现出其对海洋权力的战略意志。

在这里，海战理论的一句话产生了影响：海战中战略与战术是两个不同的因素。在陆上，战略与战术都作用于同一个媒介——陆地，且两者之间没有清晰的界限。海战中战术作用于水上，战略及战略据点位于陆上。因此陆战中战略开始于战斗，而海战中战略与战术分离，可能开始于战前。这也就意味着，海洋战略不仅仅是军人的任务，而且是军人与政治家的共同任务，并贯穿于战前与战时两个时期。《华盛顿条约》里的整个"海上停战协议"就是在战前与日本展开的对盎格鲁—撒克逊战略据点的争夺。

因此，和平时期的海洋战略在战前有双重目标：一方面要随着对海洋权力的日益渴望而提高其政治重要性；另一方面如果战争爆发，要说服海军将领尽可能地避免一开始就去攻占战略据点。任何一个据点的占领都意味着不合时宜的巨大的人力消耗。占领战略据点并不是战争的最终目的，只是我们进行下一步作战计划的基础和台阶。

世界政策必须不断调整，以适应海洋战略，以及由此产生的"任何情况下都有可能扩军备战"的意愿，这一意愿特性赋予了所有世界政策以政治上的特性，赋予了海洋权力以扩张野心的特性。正如蒙克将军（Admiral Monk）所言："任何想要夺取制海权的民族，都要不断进攻。"

在海上，停步就是退步。

由于战争中的共同作战计划，海军与陆军是紧密相连的战友关系；而为了增强海洋权力，战前就已共同开始推行的战略使得海军与外交部成为一对"孪生兄弟"。将海军与世界政策两者紧密联系在一起的纽带是谋求海洋权力的战略意志。

我们只把海军舰队当作帝国挡箭牌，用来掩护生死攸关的德国—瑞典贸易通道，又因为某种原因关闭了经由贝尔特向北的道路的时候，作为海洋权力的半边天，海军舰队就成了未来唯一的希望。因此，我们就完全能理解为什么把夺取战略据点看成令人满意的战争结果。

在此我们总是会联想到法兰德斯海岸（Flandern），但仅仅是从它作为英国前沿地带的政治历史意义上来说的。如果涉及海洋战略问题，那么就是这种发现：若英国、比利时、荷兰联合起来并将政治力量扩张到埃姆士（Ems）的话，德国在湿三角的战略地位就难以维持下去。①

　　这种对法兰德斯法岸的评价仅仅作用于没有战略价值的德意志湾，这表明，法兰德斯的军事价值仍只停留在战术上，这一点我们也从占领法兰德斯的战役中吸取了教训：法兰德斯只有战术而没有战略意义，因为从法兰德斯海岸和德意志湾一样都到不了海上交通动脉。值得高兴的是，法兰德斯海岸只不过被看作泰晤士河对岸的战术据点晋级点，并没有成为海洋权力的目标。从战略上讲，它只不过是通往大西洋的桥梁的最内支柱。

四　海洋权力作为国家目标

　　随着跨大西洋工业国家的强大，海上贸易路线由东往西从北海转到了大西洋。一百年前美洲国家主要还只是供应粗制品，需由欧洲仅有的两大工业国——英国和荷兰进行精加工，之后再销往欧洲。因此世界贸易路线是从英国至欧洲，也就是说，北海掌握了世

---

① Alfred von Tirpitz, Erinnerungen（Leipzig：Verlag K. F. Koehler，1919），S. 284 – 285.

界贸易非常重要的部分。那时北海还是一片自由海域，在武器尚不完善、空间还难以跨越的时代就更是如此。随着船只航行速度的提高和现代化武器的发展，空间收窄，各地联系越来越紧密。那时法兰德斯是世界贸易路线上的一个战略据点，也是英国怀里的一把枪。

如今的大西洋，就是一百年前的北海。然而大自然对待德意志帝国就像个继母似的，但无论如何我们也成了一个依赖进出口贸易的工业国家。北海变为内海之后，我们在地理上成了被海洋排挤的大陆国家。为了生存，我们需要大西洋。为了保护贸易，我们也需要大西洋上的战略据点。

何时以何种方式使这样的据点为我们所用本身就是一个问题。

只有一件事对我们来说是重要的，那就是，将相应的海洋联盟政策纳入舰队建设范围内的想法从来没有进入过我们的视野。若我们有这个意识，就会明白，一旦与英国交战，问题的解决将变得更加刻不容缓。

我们对海洋权力本质的认识偏离了有多么远：在战争中没有地理目标，将政治防御视作表扬、积极政策视为错误！我们的地理观中没有战略目标，还搞混了积极政策与进攻政策。

原因如出一辙：没有抓住海洋权力的两个要素，因此产生了错误的战略意志。

世界强权与海洋权力、世界政策与海洋战略是一个整体，因为它们的目的与影响有着同一个来源——战略意志。它也不过就是面向海洋的对权力的追求。一个缺少战略意志的国家就会缺少对海洋权力的追求。换句话说，我们想成为海上强国，但与此同时又因为"政治防御"和"防御战"的思想而背弃了这个想法。北海进行的政治防御与防御战在政治与军事上是同一件事情。

为了向对手表达对和平的热爱而放弃了海洋权力，无论以何种形式、带着何种目的，都是危险的。因为它会带来失去对民众有利的国际地位的危险，民族自尊心使民众不愿意放弃权力。

五 风险理论（Risikogedanke）和 夺取海洋权力的决心

毋庸赘言，每一种权力于对手而言都意味着风险。但有必要弄明白一点：权力是以何种方式引发风险的。若他人践踏了我们的权益，我们就会扼住他的咽喉，将他踩在脚底，显然风险不在于此。

我们的风险理论明确不包括这种进攻带来的威胁。[①] 我们不愿打造足够强大的海军。我们的风险理论缺乏的是战略性进攻的决心，缺乏追求海洋权力和给对手制造风险的决心。当国家缺乏战略意志和追求海洋权力的决心时，我们的舰队对英国就构不成威胁。

保障和平也不意味着放弃战略进攻，而是放弃对其他国家和民族的霸权政治。塞尔维亚虽不具备攻击可能性，但仍在很大程度上具有政治侵略性。

同样，我们的防御作战计划不依赖力量的强弱对比，从组成部分上看也不属于北海的防御战。最终，我们明白了战略意志与地缘紧密相关，而与防御战没有必然联系。

放弃进攻就会被看作防御战的对象。

如果不进行战略进攻，就不得不进行战略防御。

我们将风险理论视为外交辩证法的一件杰作。为政治目的将毫不相干的事物联系在一起，通过构造战

---

① Alfred von Tirpitz, Erinnerungen (Leipzig: Verlag K. F. Koehler, 1919), S. 105 – 108.

略进攻意志完美地隐匿了舰队的威胁属性。

但是风险理论仅属于外交"无能"，既不适用于海上也不适用于政治，因为从海洋战略的角度来看，任何一句话都是错误的。

我们的陆地军事思想尤其令人印象深刻。举个例子。

假设我们过去的陆军同样使用该风险理论，就会有人说，为了保障和平，军队应该减少到足够保卫前线阵地安全的数量——战争自足，而不要用战略进攻威胁法军。显然，若陆军将此种想法的应用从政治领域扩展到军事领域，并且灌输这种思想达 15 年之久——正如海军所为，那么他们对阵地战有着非常片面的认识，高估了敌军，以为对方会发动进攻。即使我军最终变强了，出于纯粹的理智也未能进行运动战，好像这是防御战所必需的。

我们的海军恰恰就是这样。北海没有防御之物，训练有素的防御战在这里起不了作用，我们不知该拿海军舰队怎么办，陷在防御战思维里停顿不前。意见争论主要围绕着进攻防守的战术，却从没有讨论过原则问题：防御战还是运动战？战争指挥部绝对有这样的想法，即下一个任务应该是跨越封锁线，因为我们无法直接通过战术途径抵达从德意志湾的"兴登堡防线"出发的远程封锁线。若英国渡海，由于我们忽视了英国已通过贝尔特封锁防线占领挪威与丹麦的战略据点，所以，即使在挪威与丹麦问题上，我们也只是从防御的角度来审视我们应该做什么。[①]

我们从来没有大胆思考过这个想法：在英国人固有的区域——大西洋上对其优先权、支配权提出异议。但为了我们的海上贸易而战的时候，只能这么做，或者就只能弃权。

在风险理论中我们有意识地否定了这个目标，选择了弃权。

不论是政治上还是战略上，对英国，我们只想防御，绝不进攻。但人们不可能反对海洋权力，也不可能阻挡海洋权力。人们只能利用海洋权力去争夺通商要道的制海权。

这是决定我们战前政策、舰队建造、舰队发展和如何作战的心理因素。

对舰队的和平教育散发出防御战的气息。从子弹口径到移动方位，从演习到调查煤储量，所有显

---

① Alfred von Tirpitz, Erinnerungen (Leipzig: Verlag K. F. Koehler, 1919), S. 300 – 301.

现的问题都是通过防御战解决的。我们的鱼雷艇在样式、战略和评估方面都是北海防御战最清楚的表述。从大西洋发展的角度看，这个武器看起来与众不同。

防御的态度导致一个很严重的问题，即海军在进攻的教育思想下，是否会沉浸在自我欺骗中，是否会把对策略进攻的强调看作对防御教育的本能抵制。

我们不能把战术进攻观与德意志的进攻天性和勇敢的品质弄混。战术进攻观是总体形势中指挥官对每一个战术位置的感知情况。显然，劣势或者防御感在总体形势中占据上风时，对战术形势的判断也会处于劣势。有没有可能使一支海军同时具有战术进攻与防御两种思想呢？这个问题很难回答，在此也不会进行回答，仅以此引发思考。

战略为王，战术是仆。可以想见，舰队中发展起来的战略思想也是"按形势实施战术"观念的中心思想。如果在劣势感知中采取防御战略，那么在战术上很可能也是防御的。

我们将舰队带出死亡湿三角，并把它放在对我们地理位置进攻唯一可能的想法上，那么有关这个想法的策略就会随之产生。赛道障碍就被扫清，没人再会提战术进攻观这个词，因为我们已经在这么做了。

无论从哪个角度、哪条思路分析，我们总是得到相同的结论。尽管可能有其他物质方面的需求，但我们最欠缺的是战略意志和追求海洋权力的决心。我们在理智与心理上缺乏对地理位置至关重要的战略进攻概念，以至于国家在战争的压力下也无法构建这一概念。

为了国家海军的未来，做如下总结：

尽管我们目前的弱点是海军军官从一开始就存在的从防御战到战略意志的心理转变，但这种转变是我们未来的保障。如果国家并不知道舰队的用途是什么，并没有利用它的想法，那这支最优秀和最勇敢的海军舰队该有何用呢？

六　我们对海洋权力的看法

本章着重讲述了战略意志的影响，为的是说明，关系到海战时，不只是海军，全民都会深深受到战略意志的影响。而且，在军事范围之外，海洋权力的概念能被完全理解和正确掌握非常重要。我们非常缺乏对这个概念的理解，就好像海军不了解海洋权力对世界政策的影响一样。没有谁能比海军更了解海洋权力的政治影响力了，但我们却未能认识海洋权力具体基础的二元性，这种海洋权力的具体基础取决于关键时刻世界政治的影响。

我们以为海军舰队就等同于海洋权力。

我们的战前政策及海军作战情况证实了这一点。有趣的是，我们是如何形成这种片面的错误观念的。大概是我们用通常对陆地权力的理解方式去解析海洋权力这一概念，只注重军队的强弱，而对海上独有的战略地理位置的概念不甚了解。

让我们再考察一下北海防御战产生的海权观念中的陆战军事内容：法国与西班牙的对战中，较弱的西班牙军队在比利牛斯山强大的防御阵地中成功迫使法国在这个位置上反复加强其力量，而西班牙则从法国眼皮底下溜走。

陆战中的"自我"防御，防御的是领土、堡垒或者战壕，简而言之是一个占有物。即使在海上，你也只能捍卫真实存在的东西，海岸或者一条贸易商路，但不是自己本身。在"自我本身"背后的无人区，则缺少理所当然的一种占有物。

海岸防御战尽管受到限制，但的确是立于现实的基础之上；而没有明确目标的海上防御战则没有说明，到底应该保卫什么，应该保卫什么样的实物。

因此，在海上没有绝对的防御战。绝对防御是陆战的军事思想。

任何一场战争都是为争夺敌方占有物。即使是最小的民族都有自己的占有物——领土。敌方想要获得，便要进行攻击，弱者一方进行防卫。

然而海洋不是任何人的私人物品。人所拥有的只是上面的船只和通商道路。谁能在战争中通过地理位置控制通商道路——不取决于海军力量——谁就拥有所有权。

因此英国为海上的所有权合理地进行防御战，而没有采取进攻战略。德国因宣战声明早已失去除北海之外全部的所有权。北海防御战对我们而言没有什么意义，投入海军也是徒劳。我们提供关于失守的据点的情况，这样可以在当地和军事上对敌人造成伤害，但夺不回落入敌手的土地。

防御战的风险理论让我们忽略了所有权，认为占优势的英国一定会发动进攻，而处于劣势的我军必须进行防御战，这是陆战军事思想。

对于海战也是同样的看法。尽管我们清楚地意识到英国的海军优势，但我们不会任其摆布。我们动用海洋权力，努力在北海防御战中破坏英军对我们的进攻计划。正如西班牙在比利牛斯山对战法国一样，面对法国的进攻，陆军占弱势的西班牙却拥有了"陆上权力"。

但在海上防御战中情况则相反，不是利用海上权力，而是放弃。海上防御战是海岸防御战，不需要利用海洋，因为已放弃对通商道路和海上自由的争夺，为保护贸易的国家海军必须通过战略据点走战略道路，否则海军就只能在不利的地理环境中一直充当海岸自卫军。海军的唯一本质目标是在对制海权的争夺中至少保证交通线的通畅。且只有在海军的物质条件和智力条件具备时，国家才能利用海洋。然而应当进行海战的战争将领的思维却仍停留在陆战中。

我们在多大程度上保留陆战思维，在多大程度上不注重海上战略据点，都证明我们如何缺乏赋予海洋以"战略"的意义。今天，我们仍称所有战争策略和与敌军直接接触之外的东西（比如与战略相对的战术分析）为战略，不论是真的关于战略（地理）措施还是更大范围的战术作战。我们看不出这中间有什么区别，尽管实际上区别可能很大。一个是陆上的战略，一个是海上的战术。

若我们认识到自己陆战的军事思想特征，就会明白我们为什么会教育海军要有风险理念，为什么会做出与自己所闻所见不一样的评价。受陆战思想的影响，我们认为所有战略问题都无关紧要，没有对其产生足够的重视。

受传统和本能的影响，我们都是不同程度的陆军将士。因此我们对风险理论中的陆战核心思想没有排斥。

大约20年的海上力量观已经产生了影响，并演化为对海军强弱毫无影响的海岸防御战，形式内容空洞，海军实力已经消失，和它造成的失败一样并不令人震惊。我们是大陆历史的继承人。

我们的陆战思想是国家行为的一种解释，仅仅是一种解释而已，而不是我们对与海上本质相去甚远的海洋权力、制海权和海战等思想冷眼旁观的理由。

若战争无法避免，这支20年来一直有着争夺海洋权力的决心的海军，如投入大西洋上制海权的争夺战中，会是何等模样呢？

即使规模上未变大，但在物质结构和海战思想上完全变了样。就像防御战和赫尔戈兰岛战役的钢铁舰队一样，也展现出大西洋上争夺制海权的战略思想。因此，我们想要经由战略据点到达大西洋，与英国争夺海上自由，具备战略意志的舰队即将拥有海洋权力。拥有这种海军的帝国会以怎样的干劲开始它的任务？当英国海军旗舰宣战的时候，克莱斯特发出了狂妄的信号：

　　　让勃兰登堡的所有敌人灰飞烟灭。

第七章
舰队及其时代

　　现有的思想越显得简单明了，我们已经偏离了真相这件事便越发难以捉摸。

　　对迄今为止已做出的解释我们依然不太满意，因为总感觉还未触及认识的最深层原因。接下来我们将讨论，是否可以把我们的海军及战略指导与时代相结合。

　　首先来看一下我们追求权力的直觉。当陆军在战争伊始想要行军穿过比利时时，我们对权力的直觉打消了一切疑虑：陆军需要什么，就让他们干什么。但对于海洋，我们却有不同的态度。就我们意识到的丹麦战略据点的重要性来说，夺取卡特加特海峡所带来的战略性好处是显而易见的。但因为要与丹麦协商，便会涌现很多政治难题[①]和国际法方面的疑虑，这些问题是我们追求海洋权力的直觉所无法解决的，尽管我们不得不每天目睹英国每天如何践踏各种国际协定。我们这种追求海洋权力的直觉是不成熟的：试想一下，如果我们重新开战，设想陆军卷入贝尔特海峡问题，就不难发现，只要是陆军而不是海军出现麻烦，我们的权力本能便会发挥正确的作用。

　　舰队可以被视为这种不成熟直觉的表现形式，这样就可以解释我们为什么会选择这样的作战方式。我们的海上战略思想是错误的，因为追求海洋权力的直觉与我们的目标紧密相连，所以这些思想便是不成熟的追求海上权力直觉的体现。我们根本不愿意成为世界强国和海上强国，即为了制海权必须打赢战争。我们想的一直都只是维护我们在北海的利益。即使是领导层的意见不合，也只是停留在这个层面。他们的看法都是一致的，具有争议的不是"是否防御"这个实质性的问题，而只是对防御的形式具有不同意见。

---

① Alfred von Tirpitz, Erinnerungen（Leipzig：Verlag K. F. Koehler, 1919），S. 315, S. 323, Fußnote 14.

根据史实只能断定，我们想成为海上强国的意愿是不成熟的。为什么会这样？要回答这个问题，我们必须重新审视历史。

一　后俾斯麦时期的国家

所有存在于这个世界上的民族都是某种思想或者说某种世界观的承载者，这种思想是这个民族所特有的。这些思想将各个民族塑造成一个个国家，国家之所以存在都是因为这些思想的存在。民族若灭亡，其思想也将不复存在；思想若是破灭，那民族也将消亡，或萎靡不振。

思想会发展壮大，推动整个民族走向强权政治，以便思想能持续存在下去。作为某种思想的代言人，所有的民族出于其内在的自然发展必要性，只要是活着，就必须发展出强权政治，并且仅仅为了维护它们的思想而发动战争。它们的政治是强权政治，它们的历史是战争历史，它们的宿命是战斗。①

---

① 奥斯瓦尔德·施宾格勒（Oswald Spengler），德国历史学家，1918～1922 年出版了《西方的没落》（*Der Untergang des Abendlandes*）。

一个已经灭亡的国家将不再发动战争，不再征服占领，因为它们的思想已经死去。除非它们仍是其他国家的作战目标。可以说它们已经与历史无关，它们的政治是经济政治。这些国家获得了永恒的和平。然而，和平也意味着死亡。

无论史书如何美化这种强权意志，并且以时间为说辞对其进行褒贬不一的刻画，强权意志这一事实始终存在。思想作为民族的生命内容，让所有民族都信仰强权政治。

所有民族在它们强大的时候都曾实施过强权政治，如荷兰、西班牙、瑞典、法国和英国。直至 1870 年，普鲁士—勃兰登堡（Preußen – Brandenburg）走的也是这样的发展路线。接下来对于强权的渴求停止了，一战期间再也没有强权目标了。到底发生了什么？是我们的思想灭亡了吗？这绝无可能！

19 世纪和 20 世纪之交时，我们的民族思想仅在瞬息之后又恢复了生机。这种本能驱动我们通过贸易、交通、工业和航海，突破限制，与世界政策接轨，向大海进发。当时，建设舰队也是出于同一种本能。如果别人以为我们的世界政策与海洋权力和之前一样，弱不禁风，那么我们的舰队建设将向全世界展示我们想成为海洋强国的意愿。全世界似乎都承认并期待着我们的举动，如果发生战争，那我们必须在地理上为即将实现的海洋强国打好基础。因为整个世界都坚信我们在未来会成为海洋强国，我们将变得无比强大，而我们的经济也将繁荣发展。

　　一个民族对权力的欲望是无意识的。而领导者的任务是在思想上赋予对这种欲望的正确理解并将其施行于政治。但在后俾斯麦时期的国家，这一切并没有成功。我们想要通过建造舰队向世界证明我们已经成为海军强国。但我们没有看到的是，一个大陆国家是无法成为海洋强国的，若想成功，只能把地理边界向前推移至大海。后俾斯麦时期的德意志帝国，主要任务是为了成为海上强国而实行海上强权政策和联盟政策。然而，这一政策在与英国对立时是否可行，是值得怀疑的，对这一问题的探讨仍属于从政治角度去描绘历史。这主要取决于，国家领导层注重什么样的政治目标，即围绕什么目标制定政策。这个政治目标在和平中是无法达成的，只有在战争中通过武力获取。因为根据克劳塞维茨的理论，战争是使用其他手段的政治的延续。但是，后俾斯麦时期的德意志帝国错误估计了自己的海洋强国意愿，并没有为其舰队制定任何具体的政治目标。在地理位置上我们过于满足。

巨人俾斯麦还影响了我们的生存之路。

俾斯麦领导下的这个知足的国家，就如同腓特烈大帝（Friedrich der Große）统治下的诸侯联盟。他代表了历经千辛万苦终于迎来和平与安定的强化巩固时期。这一时期是政治防御时期，是维护现状的时期。

就像腓特烈大帝，俾斯麦的历史性政治手腕也不是体现在风暴后的政治防御时期，而是将民族本能有意识地引导到政治上，实现政治扩张，正如腓特烈大帝面对波德维尔思（Podewils）的人民所说的：

> 我问你们，波德维尔思的人民，如果占有优势，那是否应该利用它？我做好了一切准备。如果我不利用这个优势，就等于手里握着一个好东西，却不知道该使用它。

然而，后俾斯麦时代并不是这样一个积极奋进的时代，这一时期，俾斯麦治国智慧的根本是对这个知足的国家施行防御政策，并将其上升为信条。

这样一来，无意识的民族本能与有意识的政治领导之间便产生了矛盾。

世界大战中的海军战略：德国公海舰队的悲剧

本民族在经济方面的意愿所要求的是积极进攻，而国家坚持的却是防御政策。一方面是对成为世界强国和海洋强国的渴望，另一方面却是对身为大陆国家的心满意足。外交部门与海军形成一种反常的对立。在世界政治圈中，一切都围绕市场展开，全世界所有国家的经济都与英国的工业、航运和贸易相连，国家政策使英国不费吹灰之力就拥有了地理方面的权力基础，用来保障其军事与经济。

同样的矛盾对立也体现在人们的风险理念中。前有成为海洋强国的意愿，后有政治防御及对这个心满意足的大陆国家的捍卫。这种风险理念并不是有意识的伪善以及外交托词，而是诚心实意的，因为在这之后的战争中我们采取了政治与军事行动，而这种伪善在战争中是没有意义的。风险理念已经不仅仅是舰队建造计划。它所代表的是一个对本民族人民的生活置若罔闻的时代，是人民意愿与具体实施之间的巨大冲突。

就这样，后俾斯麦时期的德意志帝国在战争中没有任何积极向上的目标。战争目标问题反映出这个现象。如果民族意识不导向决定性的权力问题，那么在战争中激情幻灭的那一刻，人们会问：他们为什么而战斗，为什么而流血牺牲？为了将这个民族意识坚持下去，在危难的战争中时刻需要有坚定的意志。意志一旦衰弱，各个国家在力量的交替变化中，与之相反的民族意识将会成为主导。这就是事情的经过，是我们在革命中必须面对的事实。1914 年，民众在情感的盲目驱动下，一致反抗起义，自愿服从领导，而这一切都是在无意识的本能中发生的。如果我们与英格兰发生海战，无论是从布雷斯特出发还是在苏格兰附近，从军事角度来看，我们极有可能输掉这场战役，我们几乎不会有什么革新。原因在于，领导力量与人民群众在民族意识上采取的战略方针是一体的、不可分割的。

因为我们的国家看不见海洋权力这个目标，作为一个大陆国家，追求和平成了我们唯一的却很难实现的目标。因为这不仅仅关乎我们自己，更关乎一个国际政治大国的和平。在大陆构想中，我们从来没有为这种和平斗争过。因此，那个为了实现和平而建造的舰队已无用武之地。

这样一来，为保护德意志这个大陆国家而构建的海军舰队并非基于历史。克伦威尔有意识地将英国舰队培养成为海上霸主，而我们的舰队只是为了北海防御战而建。同时，舰队建设也反映出创造它们的那个时代。舰队的产生得益于积极向上的民族本能，而那些政治战略构想则是一个误解。

舰队的建设与时代的发展是一致的。

如果政策中没有设立世界政治地理的目标，那么舰队也就不会被用于战略性进攻。

如果并没有为舰队制定在战争时期保护贸易的政策，那总体作战计划就不会考虑到制海权和大西洋。

政策想用舰队来保卫知足的陆地国家，舰队就被迫只能在北海防御战中保护海岸地区。

政策并没有看到国家目标之所在，因此舰队的作战计划就像无头苍蝇一样没有目的。

总而言之，国家和海军作战指挥部都没有夺取海洋权力的意志。

从舰队的问题可以看到一模一样的时代问题。因此，为什么我们的本能从未驱使我们成为海上霸主？为什么我们的总体战略指导从未想过海洋战略呢？其结论似乎一目了然。

现在我们终于触到了认识的最深层的原因。因为这个问题是无解的，即为什么当我们的民族本能已经明确通向一条新的道路时，我们的政治思维依然停留在过去。

现在，我们生活在一个主观的世界里。在这个有形的世界里，男人，只有男人创造着历史，他们的思想、行动和疯狂对我们来说是剩下的最后一点历史性认识的根基。

现在就让我们从过去走向未来！

今天的欧洲文明已经走向全世界。在大洋的另一边，大国已随着本能崛起。对于人民来说，现在只存在世界政策，欧洲政策已是陈年皇历。这就是夺取海洋权力。

因此，这一次我们必须带着成熟的追求海洋权力的直觉，重新踏上通往世界强国及海洋强国的道路。而这一次，历史格局和政治路线也将会不同。政府所遵从的目标越清晰，就越能强力地领导民族意愿，并更快地压制那些具有毁灭性的反对意愿。因为此事性命攸关，人民会明确地感受到政府是否在顺着民族本能的方向进行领导，是否会像历史上威风凛凛的腓特烈大帝一样，在正确的时间点喊出：

我问你们，波德维尔思的人们！

历史的教义如自然法则一样简单，但在其单一中又显示出伟大，唯一能改变的只是隐藏在时代中的历史的假面。

二　海军将领的民族使命

认识错误是修正错误的第一步。因此海军必须先让陆军和政治家们明白，大陆构想会将我们置于死地，原因在于我们需要海洋权力。

为了国家的未来，我们必须学会用世界政策的眼光而非大陆性眼光来看待世界上的事物。自我们成为人口膨胀的工业大国后，不仅仅屹立于欧洲，而且与世界紧密联系，世界政治力量也决定了我们的欧洲政策。正因为我们在海洋及经济方面受制于英国，因此更应该学会认识英国这个庞大的帝国，正确评估其重要性、优势和劣势、目标以及英国治下的和平。我们并不了解这片海洋，因此必须学习了解它。曾经打过的败仗证明了大海会为无知者布下重重障碍，任凭如何勇敢都无法克服，大海只会眷顾那些真正了解它并充分利用它的人。

而深谙这一道理的当属海军将领们。他们是如今唯一了解这些道理的人，如果他们不为此而奋斗，就有负于民族。

当从《凡尔赛条约》中脱身成为我们的下一个目标，而这个目标仍旧是一个大陆性目标时，宣传教育工作就变得更为重要。海洋权力这一思想所面临的危险不可小觑。因为其本质带有大陆性质，因此陆军在不久的将来会合法地成为一把手，海军极有可能沦为陆军的附属品，得不到应有的待遇。

多年来，我们仍无法与英国相比较。我们从大海中不断退缩，没有任何海洋权力，完全依赖于英国的慈悲。当我们的人民和国家再一次春风得意时，对于征服海洋的要求又会再度萌芽。

我们无法知道政治权力会如何构建，但我们能确定的是，当政治与陆军都不再明确提出海洋权力这一思想时，我们既无法追求也无法赢得某个战略据点目标，即使这个目标是别人拱手相让的。

19 世纪和 20 世纪之交以来我们的发展壮大已不是单靠陆军就能解决的欧洲大陆问题，而是世界政策方面的海军任务，即海军需要战舰及必要的战略据点。

为此我们应该明白，英国会竭尽全力阻止我们的再次崛起，在必要时甚至会以其为契机发动战争。

因此我们必须在脱离《凡尔赛条约》后立刻和陆军一起再次建设发展一支强大的海军舰队。

没有人能够预见大国集团的形成，因此也没有人敢宣称，我们可能不会与法国重修于好，然后以某种方式保障我们对大西洋战略据点的支配权力。而这要求我们必须拥有一支富有战斗力的舰队，并将其放置在这个重要的战略据点上。保证这一计划的成功是较成熟的海洋权力意识的体现。接下来，这支从传统海军成长起来的舰队将会趋于政治化，即形成风险舰队，而这是我们的老式海军不曾具备的。只有这样的舰队才彰显海洋权力。

魏玛国家海军的作战经验体现在以下的军事认知中。

海军在组织和指导思想上越是接近陆军，越有可能成为海岸海军。一艘舰艇并不是一个军团。海军和陆军、水手和士兵简直风马牛不相及。两者都具备雄厚的实力，但他们的生存条件大相径庭。因此，尽管海军和陆军同属军事机构，却有天壤之别。每一次改编体制、每一次对比都会阻碍海军的发展，妨碍德国人民所急需的思维转变，即从大陆性思维到海军及世界政治思维的转变。陆军思维贯穿了我们在北海的防御战便是最好的证明。

海岸战争是一场介于风和水的战争。海岸也是国家的一部分，保卫国家领土是陆军的职能。因此，陆军更适合参加海岸防卫战。一艘被派去参加海岸护卫的舰艇，按照其特性被划分成船只。它将在这期间脱离海岸防卫工事，失去其存在的目的。而对海岸的保卫同样也意味着对近海水域的保护，这对海军来说不是"任务"，而是"光荣的义务"。在战争中，海军的使命是保护沿海的国界及在此进行的对外经济活动。对外经济——正如我们所知道的——并不依赖于波罗的海或是北海，而是依赖于任何陆军都无法进入的大西洋。

《凡尔赛条约》剥夺了德国海军及陆军的权力，海军及陆军无法参加进攻作战，只能以防御的形式①

---

① 也就是巡洋舰战。《凡尔赛条约》禁止德国建造主力舰，这意味着我们无法在大西洋上争夺制海权。在这种情况下我们仅保留了巡洋舰战，从一开始就把制海权让给敌人，其海军便会反过来试图损害我们的贸易。因为巡洋舰战避免了争夺制海权，虽然像潜艇战一样可以证明其具备威慑四方的能力，但缺乏战争的标志——"权力"。而当我们与英国作战时，"权力"变得至关重要，贸易战从军事的角度看也被包含其中。基于以上原因，《凡尔赛条约》禁止我们建造战舰，并只允许我们采取巡洋舰战，因为巡洋舰战不包括权力的裁决。

待命。不管现在能否实现，他们的使命始终一成不变。陆军的使命仍旧是保卫国家领土，而为了工业的发展，海军的使命则前所未有地变成了保护大西洋上的对外经济活动。

除了海军岸防部队，任何海军——这是战争教给我们的——都无法自行挑选行动地点，相反，有贸易往来之处就是海军行动之处。单从经济角度来看，这与国家的地理位置及海军的强弱是无关的。所有海军都必须驻扎在有贸易往来的地方，为贸易保驾护航，换句话说，海军军旗必须飘扬在有贸易的地方。现如今弄清楚的还有，为什么海军的作战计划必须从地理的角度制定，而与舰队的强弱无关。人们对于海洋有怎样的设想以及在此基础上形成的世界政策参与度的高低才真正取决于舰队的强弱。现在的我们并没有参与世界政策。

只要魏玛国家海军在构想中没有将大西洋抹去，他们就还有存在的价值。只要海军还存在，他们就会忠于过去，忠于那种大海至上的思想意识。如果没有这种意识，那么海军终有一天会回归海岸海军的意识中，放弃保护海上贸易。

三　结语

每一个民族都会从自身的历史中吸取教训。我们在陆地上为生存权进行了几个世纪的斗争，并在之后成为强大的国家。海洋经济与贸易迫使我们在政治和军事上小心翼翼、心惊胆战地行事。当世界大战爆发时，我们的目标仍具有局限性。在争夺生存权力的斗争中，我们始终遵循历史记忆中的大陆权力观，将世界大战看作陆战，并由此输掉了战争，因为归根结底一战是一场海战。

我们的总体作战深受陆战本能的影响。

我们是这场大规模战争的继承者，被打败了，但必须走向未来。

如果我们现在能清楚明白地引导人民了解大西洋精神，那么那些被古老的母亲——"海洋"所吞噬的生命也将在它的怀里安息，死而无憾。弗伦斯堡（Flensburg）的亡者纪念碑上的字便有了真正的象征意义：

无怨无悔，勇敢向前，航海事业永无止境！

附　录
1917 年海洋战略备忘录

《世界大战中的海军战略》一书是在前言中提到的私人备忘录的基础上发展而来的。在附录中我们附上其中一份备忘录，以此作为历史研究的基础材料。在一战期间对风险理论及其防御战和北海战役就已经出现了不同的意见，但其大陆意识最终还是保留了下来，并记载在战后文献中。即使如此，不断打破常规的大西洋意识的起点还是要追溯到第一次世界大战。这份备忘录为此提供了见证。它写于 1917 年，那时候我们还坚信我们的陆军一定能在西线战场取得胜利。

《备忘录》内容如下。

1917 年 7 月

以下笔记是为了说明丹麦问题与海战领导的重要指导方针之间的联系。

第一部分

以下三点可以描述我们的海洋局势：

A. 战术

B. 公海舰队的军事政治重点

C. 北海的地理位置

战术

与海洋的战术关系意味着，在自由水域上进行激战时，舰艇数量占压倒性优势的一方会赢得胜利。因为在海上没有壕沟，在作战双方旗鼓相当、工业发展势均力敌的情况下，尼尔森的那句话总是适用的："只有数量多才能消灭对手。"较为弱势的一方只有在具有侦察优势时才有机会抓到并摧毁敌方较弱的部队，对我们来说，侦察优势只能通过空中侦察获得。

公海舰队的军事政治重点

我们的舰队是德意志帝国面向北边的盾牌。为了对其做出完整的判断，我们必须设想一下，如果我们的舰队不复存在，将会发生什么。

世界大战中的海军战略：德国公海舰队的悲剧

（1）舰队的重点是保卫波罗的海的制海权以及威慑俄国舰队，使其不敢越界。想要摧毁在波罗的海航行的敌方潜艇，只能用不加太多保护的小型飞机在远离其基地的地方采取军事行动。如果没有公海舰队，那俄国舰队便足以同我们争夺波罗的海的制海权，并切断对我们至关重要的与瑞典的矿石贸易。

（2）丹麦选择中立主要是因为公海舰队的存在。如果没有公海舰队的话，那丹麦早就遭受了与希腊一样的命运，由此产生的一系列恶果将会对我们不利。

（3）撇开帝国土地上再也没有遭受炸弹袭击这一事实不谈，如果没有帝国舰队，潜艇战将无法实现。只有我们的舰队才能阻止英国人将我们的潜艇制约在军事基地内。如果我们的舰队没有在水雷封锁区后方坚持战斗，那毫无疑问英国人也不会像今天这样设置水雷封锁区，拐个大圈的封锁区几乎不会被完全封锁。除了我们的海岸工事里的加农炮，敌人其实是想布置一个由水雷封锁区和网构成的防御系统，而我们的舰队将因此无法离港，因此英国人还要保卫这一套系统不被清除掉。

（4）军事重点同样位于法兰德斯。事实令人费解，英国人没有完全包围泽布吕赫（Seebrügge）和奥斯坦德（Ostende）的港口，从而使飞机和潜艇毫无用武之地。如果英国敢于这么做，时至今日，包围这一地带，使所有的飞机和潜艇在此失去用武之地的可能性依然存在。但英国人并不敢这么做，因为这里存在着我们一支行动迅速的公海舰队。

（5）在达达尼尔海峡的问题上也是一样。如果英国敢于投入必要的军事行动，达达尼尔海峡曾经可以被进攻，现在依然可以。但它并没有这么做。

因此问题在于，我们潜艇的行动也只是因为迅捷的公海舰队的存在，如果现在潜艇行动大放异彩，那就没有什么比陷入这种信念更糟糕的了，即潜艇可以替代战舰，海洋权力可以通过其他廉价的替代品实现。荷兰的历史就是这样一个历史明证。

因此，如果我们的舰队继续存在，那便是为了发挥其效用而不是为了简单地维持下去，而发挥效用正由于舰队的存在。整个战争期间，英国舰队受制于我们的公海舰队，而且不敢像之前那样（比如在达达尼尔海峡）全副武装采取行动。这样一来，他们的失败便可以解释了。我们的公海舰队不仅承载了未来的希望，其重要性更是不言而喻，即若是大海上没有他们，便意味着战争的失败。

我们的地理位置

英格兰群岛利用其地理位置截断了我们领海之外的贸易，对我们进行封锁。我们也无法通过英吉利海峡的隘道，而英国人却可以轻易地利用其先进的舰队阻断苏格兰北边的贸易。另外，因为整个北海的贸易都是沿着英国的海岸进行的，因此我们的影响力被不断削弱，整个北海上已没有我们可以争取并保护其不受英国阻碍的通商要道了。撇开我们在战争期间潜艇基地遭到毁坏的问题不谈，英国没有理由不计代价投入兵力来寻找我们的公海舰队。历史证明，海战总是围绕着通商要道的交汇处而打响，一方攻击，另一方保护。现在的世界通商要道已不再穿过北海，因此这里也不会再有任何争夺并不存在的商道的战斗。

丹麦问题与我们的海洋军事局势的关联

令人惋惜的是，因为之前论述过的那些前提条件，我们的舰队并不能追击英国舰队，问题也由此产生，即脱离我们必须遵守的指导方针，我们能否部分地改变现有状况。此时我们碰到的首要问题是，我们必须试着拥有一条商道。而因为一些其他的政治缺陷，这条商道有可能诱发英国人对我们发动进攻。

　　在战争开始之际，经丹麦同意，贝尔特海峡被封锁。封锁带的北边是一条主要对英国人有益的商道，因为贝尔特封锁带的原因，该商道逐渐脱离了我们的控制。也就是说，波罗的海的封闭对我们来说毫无益处，不过是帮助英国人将其封锁区前推至基尔大门口罢了。接下来我们探讨一下丹麦问题，我们强行冲破英国的封锁，控制一条商道，并把反对丹麦的政治重点握在自己手中，这对于我们的防线是重要的进步。我们将防线扩建到可以与国内的兴登堡防线相媲美的地步，这意味着我们已足够强大到可以顶住整个英国舰队的进攻，让我们的舰队避免在自由水域战役中对抗强敌，同时也让他们质疑对我们舰队作战的重心。另外比较可疑的是，英国人是否会在这一战争阶段争夺卡特加特海峡。无论怎样，我们的局势都变得更好了。如果英国人来了，那他们就要打败仗；如果他们不来，就会失掉丹麦人对他们的尊重，这种尊重失去之后将无法弥补。通过对丹麦问题的探讨，我们掌握了以下几点：

（1）丹麦及其现有的货舱；

（2）英国人失去的丹麦农产品；

（3）控制了通过卡特加特海峡的整个瑞典贸易；

（4）对丹麦的优势地位；

（5）一个不再被水雷封锁的新的潜艇紧急出口，因为斯卡格拉克海峡的深沟离斯卡恩（Skagen）的灯塔船有十海里，因此我们的潜艇可以轻易自由地停放；

（6）卡特加特海峡防线对英国形成了攻势威胁，因为英国首次在这里发现从北边将其战略包围起来的可能性，原因在于卡特加特开辟了对大西洋的新看法。

第二部分

从历史角度观察我们的局势，便会发现隐藏在日常风云涌动下的关于未来的两个思潮：

（1）建造一个适于休养生息之地，其空间足以容纳如今暴涨的人口，在紧急情况下，这个足够大的区域也能够很好地控制震荡的经济生活；

（2）另一思潮便是人民对于海洋的渴望。

海洋，大西洋

为了使经济生活不再局限于北海，我们需要的是大西洋，因为北海已经变成了一片死海。就在一百年前，大部分的美国原材料在英国和荷兰进行加工，最后再通过北海运往欧洲。因此，北海是海洋贸易中至关重要的一部分，毗邻北海的国家也就毗邻了整个海洋。但自美国也发展成工业国后，这幅图景便发生了改变。从此，贸易路线从东边移到了西边，从北海移到了大西洋，英国的贸易命脉也主要是来自西边的大西洋。当我们成了依赖进出口的工业国后，也只能顺应人民的意愿，为了到达大西洋一路向西挺进。

大西洋，问题的焦点

从某一角度把某事看作焦点的话，会发现一直以来看起来很复杂的事物变得简单了，这便是问题的特性。如果我们从大西洋问题的角度观察北欧国家，特别是丹麦，就会看到以下的画面。

迄今为止，我们很少能与丹麦客气友好地相处。我们的外交手腕在这件事上失败了，原因在于丹麦这个小国家作为中间商，与一个有偿付能力的"公司"结交，并紧紧依附于它。这个"公司"就是英国。现在问题出现了，德国与丹麦接壤，在军事上显然更具威胁，但为什么对丹麦来说，英国这个"大公司"具有比德国更高的偿付能力呢？原因在于，即使是小国家，如丹麦，也要利用大西洋来保持经济生活的活力。对丹麦来说，只有英国才能保证其大西洋贸易的畅通，因为拥有大西洋港口的是英国，不是我们德国。这一事实所带来的结果是，比起我们，北欧各国更偏向于顺从英国。这也解释了英国与北欧诸国之间的相互投资，通过相互投资，英国对北欧各国的影响力急剧增大。

毫无疑问，我们可以通过武力强迫丹麦与我们缔结商业同盟。但只有当丹麦繁荣发展时，这种关系才会真正发挥用处。而只有当我们成为和英国一样的具备偿付能力的"公司"时，这一切才有可能成为现实，即丹麦在大西洋的经济生活依赖于德国而非英国。只有当丹麦经济繁荣发展时，现在依然鲜活的历史记忆才会消失，就像丹麦人早已忘记英国曾炮击哥本哈根一样。而只有当丹麦在经济上与我们形成利益共同体并繁荣发展时，丹麦的大众舆论才会对我们及我们在丹麦的资本家友好一些，丹麦现在虽然是被迫加入利益共同体，但之后也会与我们重修旧好。我们没能拥有大西洋的港口，小小的丹麦对我们来说仍是束缚与羁绊。

我们的舰队和大西洋

让我们再次回到大西洋问题的焦点，并以此为基础重新观察我们的舰队政策、战术和战略，所有的困难就都解决了。

（1）对很多德国人来说，制定《舰队法》的理由不具有说服力，因为从长远来看，几乎可以预知法律制定的基础。以后到大西洋边上，成立舰队的正确性就一目了然了，因为当涉及大西洋时，"舰队法"的制定基础便从理论转向实际，即转到某种苦涩的必要性上。将来一旦进入大西洋，议会便无法考虑这个问题，即我们能否利用这艘伟大的舰队，正如他们也考虑不了我们的陆军能否利用重型大炮一样。

到了大西洋边，便不会再有任何怀疑产生，我们不是来抵御英国保卫自己的，而是来与英国争夺制海权的。这一目的如此清晰，每个德国人都会理解每一次壮大舰队的行动。我们用大西洋来解决舰队的问题。

（2）我们的战略也显得更简单了。我们只可能在一个或者多个港口遏制住英国，这些港口位于世界主要交通线上，当舰队离港时，便能立即发挥无法估量的作用。只有这样才能迫使英国投入兵力保卫其贸易商道。强大的英国不会为此投入全部舰队，他们在做决定前会思考，是否可以在一段时间内不保护商道或者是否该将其整体兵力分开来。在海峡前狭窄的空间里，我们经过充分侦察后，获得了打击敌人的好机会，却因为忽略了必须对强敌进行抵御的自由海域的战役（这种自由海域战对弱势一方来说永远是危险的），使自己沦为战败者。

大西洋和丹麦

从纯军事角度出发，大西洋同样也在丹麦问题上给出了新的解决方法。我们拥有了布雷斯特和英吉利海峡的海岸地区并从布雷斯特往内陆建起军事基地，那我们在与英国的战争中便形成一条外部的弧线，而英国则是一条内部的直线。因此，当我们在大西洋进行军事活动时，英国便可以安全地通过卡特加特海峡进入波罗的海，而我们则完全无法阻止这一切。在成功进入波罗的海后，英国便可以在丹麦驻扎，我们根本不可能及时赶到。说到底，大西洋问题包含了丹麦问题的解决办法。我们不仅要支配日德兰半岛，而且还要能使用卡特加特海峡上的丹麦岛屿，并在贝尔特海峡通道大力设防，这些海岸地区和水域通道有能力自我保护。德国在贝尔特海峡和卡特加特海峡群岛的防御工事最终把波罗的海变成了封闭海域，并且赋予了贝尔特海峡在某种程度上与达达尼尔海峡平起平坐的地位。

结束语

即将结束的和平，无疑将是一种与和平结束时的权力状况相匹配的和平，因此超出了我们的认知范围。如果和平告吹，从大的角度来看，涉及的问题便具有重大意义，因为这些问题展现了我们的队伍一路自东向西的历程。丹麦和大西洋是一体的，只有当我们在丹麦变得无懈可击时，帝国舰队才能在大西洋上畅行无阻。我们有必要做到这一点，因为我们要去对抗整个欧洲及大西洋世界，目前与美国之间的战争拉开了这场冲突的序幕。

韦格纳

海军中校

图书在版编目（CIP）数据

世界大战中的海军战略：德国公海舰队的悲剧／
（德）沃尔夫冈·韦格纳（Wolfgang Wegener）著；罗群
芳译. --北京：社会科学文献出版社，2019.9
（武汉大学边界与海洋问题研究译丛）
ISBN 978 - 7 - 5201 - 1871 - 2

Ⅰ.①世… Ⅱ.①沃… ②罗… Ⅲ.①制海权 - 海洋
战略 - 军事史 - 德国 Ⅳ.①E516.53

中国版本图书馆 CIP 数据核字（2017）第 289735 号

·武汉大学边界与海洋问题研究译丛·

世界大战中的海军战略：德国公海舰队的悲剧

著　者／〔德〕沃尔夫冈·韦格纳（Wolfgang Wegener）
译　者／罗群芳

出 版 人／谢寿光
组稿编辑／高明秀
责任编辑／许玉燕
文稿编辑／祝伟伟

出　　版／社会科学文献出版社 · （010）59367189
　　　　　地址：北京市北三环中路甲 29 号院华龙大厦　邮编：100029
　　　　　网址：www.ssap.com.cn
发　　行／市场营销中心（010）59367081　59367083
印　　装／北京盛通印刷股份有限公司

规　　格／开　本：889mm × 1194mm　1/32
　　　　　印　张：5.25　字　数：85 千字
版　　次／2019 年 9 月第 1 版　2019 年 9 月第 1 次印刷
书　　号／ISBN 978 - 7 - 5201 - 1871 - 2
定　　价／79.00 元